대한민국 대통령

5년마다 돌아오는 최고의 이벤트
대통령을 향한 뜨거운 이야기

대한민국 대통령

정인성 지음

담

들어가는 말

　지금 이 책을 쓰는 시점은 대한민국의 제20대 대통령 선거를 얼마 남기지 않은 시점이다. 책의 베이스가 되는 다큐멘터리 영화의 촬영은 마무리 단계에 들어갔고, 편집이 한창 진행 중이다. 식당에 가면 다음 대통령은 누가 되어야 한다며 목소리를 높이는 사람 또한 심심치 않게 발견한다. 얼마 전에는 어떤 대통령 후보를 지지하는지를 두고 칼부림이 났다는 뉴스도 접했다.

　이게 뭐라고. 대한민국에서 대통령은 대체 어떤 의미를 갖는 존재이기에 이런 일들이 벌어지는 것일까?

　대한민국 사람들이 정치에 관심이 없는 것처럼 보이지만, 제17대 대선을 제외하고는 모두 투표율이 70%를 넘기는 국가이기도 하고, 21세기 들어서 각 정당의 당원 수가 증가하고 있으며, 유튜브에서도 정치 관련 채널들이

슈퍼챗으로 세계 상위권 순위를 차지하고 있는 국가가 대한민국이다. 우리는 현대사의 시대를 구분할 때도 'ㅇㅇ 대통령 때'라는 표현을 사용할 정도로 우리는 정치와 대통령을 매우 중시하는 국민임을 알 수 있다.

그러다 보니 많은 이들이 대통령을 바라보는 각자만의 관점이 있다. 'ㅇㅇ는 절대 대통령이 되면 안 돼', 'ㅇㅇ가 대통령이 되어야 해', '이게 다 ㅇㅇ대통령 탓이야.' 등등의 표현들 속에서 우리는 그 관점들을 조금이나마 엿볼 수 있다.

그러나, 이렇게 지대한 관심에도 불구, 우리는 정작 대통령에 대해서 얼마나 알고 있을까?

우리 역사에 대통령이라는 자리는 어떤 의미가 있는 존재였을까? 지금의 사람들은 대통령을 어떤 사람으로 생각하고 있을까? 대한민국 대통령은 어떤 일을 하는 사람인가? 대통령이 된다는 사람들은 어떤 자질이나 덕목을 갖추어야 하는가? 등등... 질문하는 사람은 없고, 답을 내리는 사람은 많았다. 미디어 또한 본질적인 질문보다 개별 사안에 대한 공방이나 '누가 무엇을 했다더라' 식의 가십성 보도, 나아가 '아니면 말고' 식의 가짜뉴스에 더 관심이 있는 듯했다.

우리 영화와 책의 기록은 이러한 문제 인식에서 시작되었다. 질문을 던지는 이가 없으니 우리라도 던져보자. 이야기를 전달하는 방식과 방향도 명확하게 정해놓았다. 우리는 답을 내리지 않는다. 대통령 후보자들을 포함한 각 분야 전문가들과 일반 시민들에게 질문을 던지고, 그들의 답을 팩트와 함께 잘 전달함으로 콘텐츠 소비자들이 스스로 질문을 던져보게 하는 것에 목적이 있다.

영화의 방향성에 대한 지적 또한, 끊임없이 받았던 것이 사실이다. 흥행을 위해 현재 후보들에 대한 자극적인 요소들을 넣어야 한다는 의견도 있었고, 편파적인 요소들이 있어야 특정 진영에서 밀어줄 것이라는 이야기도 끊임없이 들어왔다. 어떤 감동을 주어야 한다는 이야기도 있었고, 투표하고 싶게 만들어야 한다는 의견도 있었다.

하지만 우리는 가르치려 들지 말자고 생각했고, 반대로 현대의 대선정국의 이야기를 최소한으로 가져가기로 했다. 우리에게 주인공은 전. 현직, 그리고 앞으로 대통령이 될 사람들이 아니라 '대한민국의 국민'이기 때문이었다. 주권자로서의 국민이 한 번쯤은 함께 고민해볼 수 있으면 좋겠다는 마음으로 작업을 진행했다. 패널들의 성향상 정치 현안과 연관 지어 설명하는 경우가 많다 보니 인터뷰 내용의 상당 부분을 쓸 수 없게 되어버리기도 했지만, 최대한 목적에 충실히 하고자 노력했다.

어떻게 보면 가장 정치적이지 않은 정치 다큐를 만든 것인지도 모르겠다.

영화와 책의 내용적 차이가 있다면, 분량과 구성을 꼽을 수 있다. 영화의 경우, 기승전결이 있는 스토리라인을 기반으로 인터뷰 내용 중 극히 일부만을 활용했다면, 책은 영화에서 다루지 않는 주제와 자료들도 다수 포함되어 있다. 인터뷰는 일반적으로 전문가 패널은 90분~120분, 일반 시민은 30분 정도를 할애해 진행되었지만, 영화 전체의 러닝타임이 7~80분가량 되다 보니 엄청난 편집이 가해질 수밖에 없다.

책의 경우에는 영화에서 다루어지지 않은 내용도 들어가 있고, 패널들 인터뷰 내용도 더 긴 분량으로 다루어졌으며, 대한민국 대통령과 관련한 다양한 팩트와 자료들도 첨부되어 있다. 영화가 문제 인식을 공유하는 것에 중점을 두었다면, 이 원고는 거기에 더해 '대통령 사용설명서'의 개념도 함께 담겨 있다고 보면 될 것이다.

독자분들에게 유의사항이 있다면, 주제별로 다양한 패널들의 견해를 최대한 살려가며 정리한 것이기 때문에 패널에 대한 호불호나 견해 차이로 인한 불편함이 발생할 수 있다는 점이다. 또한, 인터뷰 내용을 전부 책에 담을 수 없어서 책의 내용과 상관없다고 여겨지거나 혹은 책의 구성상 비교적 덜 중요한 내용이라 여겨진 내용은 제거할 수밖에 없었다. 같은 주제의 비슷한 내용 중에서도 더 잘 정리가 된 내용을 우선하여 담았다. 이것은 책의 목적에 부합하는 방법이 무엇인가에 대한 저자의 주관적 판단이 들어간 것이기에 독자분들이든 패널로 참여해주신 분들이든 책의 내용과 편집 방향에 서운함이나 상처를 느꼈다면 전적으로 저자에게 책임이 있음을 미리 말씀드린다.

영화를 촬영하면서 질문지도 직접 작성하고 인터뷰도 직접 진행했다. 나 또한 정치에 있어서 혹은 대통령에 있어서 편견을 강하게 갖고 있었지만, 인터뷰를 진행하며 많은 것을 배우게 되었고 평소 갖고 있던 편견도 많이 사라지는 경험을 하게 되었다. 패널들은 대부분 자신만의 강한 신념 혹은 철학을 갖고 있었고, 상대 진영 혹은 정당에 대한 강한 적대의식을 드러내는 경우가 있었다. 하지만, 언론이나 SNS를 통해 접하는 이미지와는 달리 모두 상당히 신사적이시고, 인터뷰는 언제나 유쾌했다. 그 속에서 느낀 것은 정도의 차이는 있겠지만 각자만의 방식으로 대한민국이라는 나라가 잘되기를 바라는 마음으로 이야기한다는 것이었다.

이는 시민들의 인터뷰에서 더 분명하게 드러났다. 각자가 지지하거나 추구하는 방식의 차이가 있을 뿐, 대한민국이라는 나라가 더 정의롭고 살기 좋은 곳이 되길 바라고, 행복하기를 바랐다. 집값이 문제라는 것도, 교육이 문제라는 것도, 일자리 문제가 심각하다는 것도, 소외되고, 가난하고, 힘없는 자들에게 더 가혹한 사회라는 것도 다 알고 있었다. 같은 것을 원하면서도 그 목표로 향하는 길에 서로 동의하지 않았을 뿐, 우리는 그렇게 다르지 않은지도 모른다.

방법이나 방식에 대해 당연히 다른 생각을 가질 수밖

에 없다. 생각하기에 따라 바른 생각과 바르지 않은 생각이라 여길 수도 있다. 하지만, 책에 차마 담을 수 없는 생각을 하는 사람들과도 함께 살아가는 공간이 여기, 지금, 대한민국이다. 그리고 대통령 선거에 참여할 때는 누구나 다 한 표씩 같게 행사할 수 있을 뿐이다. 그렇다면 다양한 사람들이 다양한 의견을 갖고 살아감에 있어 최소한 서로의 생각을 들어보려 노력하는 것이 민주 시민의 자세가 아닐까 생각해본다. 괴물 같은 사람이 존재하지 않는다는 것은 아니지만, 생각이 다르다 해서 괴물이라 단정하는 것, 또한 위험하다. 실제로 만나 이야기해보면 그저 평범한 사람인 경우가 대부분이다. 지지하는 대통령 후보가 다르다고 칼부림했다는 사람들도 평소에 밥도 같이 먹던 사이였다고 한다.

전문가들과 일반 시민들을 만나서 얻은 소중한 경험을 독자분과, 관객분들과 나누고 싶은 마음이 크다. 대통령 선거를 앞두고 각각의 후보들에 관한 뉴스가 넘쳐나고 있지만, 주인공은 '우리'라는 것, 그리고 우리는 서로 그렇게 다르지 않다는 것, 앞으로 대통령이 누가 되더라도 우리가 대한민국의 '주인'이라는 것, 그러기에 우리는 투표용지에 이름이 올라가는 사람들보다 우리를 더 소중하게 생각해보았으면 한다는 것, 정치나 대통령을 생각하면서 마음의 여유는 점점 사라지고, 혐오와 편견은 점점 커지고 있는 사회에 사는 것은 아닐까 하는 생각 때문에 더욱 그러하다.

개인적으로는 이번 책이 〈세상을 바꾼 명연설 - 사회 편〉, 〈세상을 바꾼 명연설 - 정치 편〉에 이어 세 번째 내는 책이다. 그리고 영화는 첫 참여이다. 너무나도 부족함이 많음에도 영화를 만들어보자고 제안해주신 온 테이블 손현욱 대표님, 인터뷰에 있어서 저에게 자율성을 부여해주시고 제 의견을 최대한 존중해주려고 노력해주신 배상국 감독님께 우선 감사하다는 말씀을 전하고 싶다. 또한, 영화가 만들어질 수 있도록 힘써주신 최영민 촬영 감독님, 스튜디오 음향 체크에서부터 음원 제작까지 모두 신경 쓰면서 작업하느라 고생했을 류연규 음악감독님, 말도 안 되게 짧은 시간에 영화가 나올 수 있도록 시간을 갈아 넣어주신 이강일 편집자님, 정말 궂은일을 전담하며 모든 것을 원활하게 이루어질 수 있도록 힘써주신 이충우 님, 자료조사뿐 아니라 다양한 아이디어를 제공해주면서 계속 함께해준 이영현 님과 김근아 님. 이 외에도 촬영에 협조해주신 한규남 배우님을 비롯한 모든 스태프분과 인터뷰에 응해주신 모든분에게 진심으로 감사하다는 말씀 꼭 전해드리고 싶다.

대한민국의 주인이시고, 주인의식을 가지며, 주인의 권리를 행사하려 의무를 다하는 모든 분에게 이 책을 바친다.

2021년 12월 5일
탐앤탐스 정자 카페거리점에서

차례

인터뷰에 참여한 패널 명단(가나다 순)

- 강원국 작가 - 전 대통령비서실 연설비서관
- 권은희 국회의원 - 국민의당 (비례대표)
- 김민석 국회의원 - 더불어민주당 (서울 영등포을)
- 류호정 국회의원 - 정의당 국회의원 (비례대표)
- 박시영 윈지코리아컨설팅 대표 - 전 대통령비서실 행정관
- 박용진 국회의원 - 더불어민주당 (서울 강북구을)
- 박주민 국회의원 - 더불어민주당 (서울 은평구갑)
- 권현문 대표 - 유튜브 <새가 날아든다. (새날)> 대표 '푸른 나무'
- 서민 교수 - 단국대학교 의과대학 기생충학과 교수
- 백은종 대표 - 유튜브<서울의 소리> 대표
- 송기인 신부
- 신정현 경기도의원 - 더불어민주당 (고양시제 3선거구)
- 심상정 후보 - 정의당 대통령 후보
- 안철수 후보 - 국민의당 대통령 후보
- 이재오 전 국회의원 - 국민의힘 상임고문
- 전우용 교수 - 한국학중앙연구원 연구정책실 객원교수
- 정규재 주필 - 유튜브 펜앤드마이크 대표
- 정성호 국회의원 - 더불어민주당 (경기 양주시)
- 조전혁 전 국회의원 - 서울특별시 혁신공정교육위원회 위원장

01.
대한민국 대통령의 탄생

어쩌다 대통령!! 어쩌다 국민??

1910년 8월 29일 한반도에서 수천 년간 내려오던

왕王의 전통이 사라진다.

1919년 9월 11일 우리 민족에게 대통령이란 개념이 소개된다.

1948년 7월 24일 임시정부를 계승한

대한민국 정부 첫 대통령이 탄생했다.

지금까지 우리는 12명의 대통령을 만났고,

이제 20번째 대통령을 기다리고 있다.

대통령. 지금은 우리가 너무나도 당연하게 받아들이고 있지만, 임시정부 이후 100년밖에 안 된 개념이다. 더욱이 지금까지 만난 12명의 대통령 중에는 대통령이라 부르기에 다소 애매한 사람들도 끼어있고, 이들에게서 어떤 일관성을 찾는 것도 쉬운 일이 아니다. 이러다 보니 대한민국의 대통령은 어떤 존재냐고 물어보면 사람마다 각자 다른 답을 내놓을 수밖에 없다.

모르겠을 때는 일단 기원을 찾아보는 것이 도움이 된다. 우리는 어쩌다 민주주의를 받아들이고 대통령제를 택하게 되었을까?

원래 영단어 프레지던트President는 회장 혹은 의장을 의미하는 단어였다. 미국에서 1787년 헌법제정을 통해 국가원수 혹은 행정부의 수장을 의미하는 단어로 처음 사용하기 시작하면서 이를 본뜬 정치제도를 채택한 국가들은 '국가의 원수로서 외국에 대하여 국가를 대표하는 행정부의 수반'의 의미로 프레지던트를 사용한다.

그러면 우리나라에서 '프레지던트'는 어떻게 '대통령大統領'이 되었을까?

· 역사학자 전우용 교수

1871년 신미양요 때 미국의 공격을 받았다. 강화도가 미국에 점령되었을 때 처음으로 우리는 미국이라는 존재를 알게 되었다. 그리고 1882년에 미국과 수호 통상조약을 맺었다. 그 대표를 무엇이라 부를 것인가. 영어로는 '프레지던트'였다. 중국에서도 같은 고민을 했는데, 중국은 발음하는 대로 '백리새천덕伯理璽天德'이라 했고, 일본에서는 이걸 대통령이라 번역했다.

'통령統領'은 우리나라에서는 대략 배 여덟 척을 지휘하는 수군 지휘관을 통령이라 했고, 중국과 일본에서도 장수들을 통령이라 불렀다. 요즘으로 치면 장군 이하의 영관급을 의미하는 직책이다. 그냥 대령급이라 생각하면 된다. 그리고 그냥 일반적인 그런 통령보다 좀 급이 높다고 해서 대통령이라고 붙인 것이다.

우리가 박정희, 전두환 시절에 대통령 뒤에 붙이던 단어 '각하閣下1)'는 무엇일까?

각하. 무슨 '하'라고 부르는 것은 일종의 건물을 기준으로 해서 어느 건물에 올라서는 사람을 밑에서 올려다보는

---

1) '각하'라는 호칭은 제13대 노태우 대통령 취임과 동시에 사용이 금지되었고, 제15대 김대중 대통령 때 '대통령님'으로 호칭을 변경하였다.

것을 표현하기 위해서 만들어낸 존칭이다. 일종의 접미사다. 제일 높은 게 황제 폐하皇帝陛下, 그다음이 국왕 전하國王殿下, 그 아래는 세자 저하世子邸下, 그 아래 영의정쯤 되는 사람을 합하閤下, 그 합하의 아래가 각하閣下이다. 요즘으로 치면 그야말로 장관급, 사령관급이라고 생각하면 된다. 굉장히 낮은 직급으로 대통령을 배치한 것이다. 그만큼 원래 우리는 대통령이라는 직책에 대해서도 가볍게 봤고, 민주주의라는 정치제도도 경멸했다.

왕정을 채택한 조선이 미국이라는 나라를 만나게 되고, 그 나라가 어떤 나라인지 알아보니까 감히 백성이 나라의 대표를 선출하는 망측한 제도로 운영되고 있는 미개한 나라더라. 그 망측한 제도를 '데모크라시democracy'라 하는데, 그렇다면 '데모크라시'는 어쩌다 '민주주의民主主義'가 되었을까?

• 역사학자 전우용 교수

사람들은 자기가 파묻힌 세상에서 세상을 바라보기 때문에 너무나 당연한 단어라고 생각한다. 너무나 좋은 단어이고 이보다 더 좋은 정치체제는 없다고 생각한다. 이게 상대적이었던 시대에는 어땠을까? 민주주의라는 단어에 대해 고민해 봐야 한다. 사회주의는 소셜리즘Socialism, 자본주의는 캐피탈리즘Capitalism, 민족주의는 내셔널리즘Nationalism. 우리는 어떤 사상 혹은 '~ism'을 '주의'로 번역하기로 약속했다. 하지만, 민주주의는 데모크라시의 번역이다. 데모크라시즘이 아니다. 이것이 엉터리 번역일까?

결과론적으로는 굉장히 절묘한 번역이다.

공자는 이런 말을 했다. 군주는 인人을 아끼고 민民을 부릴 때 신중해야 한다. 인은 아껴야 하는 사람이고, 민은 부리는 사람이라고 인과 민을 구분한 것이다. '인'은 지배계층, '민'은 피지배 계층의 의미가 있다. 이런 어원 탓에 우리는 도시에 사는 사람들의 직업은 군인, 상인, 문화예술인, 언론인, 종교인이라 부르고 농촌이나 어촌에 사는 사람들은 농민, 어민이라 부르는 것이다. 무식한 자. 전문성이 없는 자. 이렇게 인과 민을 차별하는 인식이 있었다. 그런 의미에서 우리는 천한 것들, 못 배운 것들이 주인이 되는 '주의'라 하여 데모크라시를 '민주주의民主主義'라 번역하게 된 것이다.

이 말이 처음 소개된 것은 1885년인데 1897년에 큰 변화가 발생한다. 1897년 독립협회의 연설에서 이런 이야기가 나온 것이다. 이제껏 '민'이라는 글자를, 우리는 종을 지칭하거나 천한 자를 지칭하는 것으로 사용해왔기에 민권이 억압 받고 천대받아도 너무나 당연한 것으로 생각해왔다. 그런데 이제부터는 민을 천한 뜻이 아니라 좋은 뜻으로 바꿔 쓰자. 이런 이야기가 처음 나온 것이 1897년의 역사다.

그로부터 20여 년이 흐른 1919년 우리나라 대한민국은 "민주 공화제"로 한다고 임시헌장[2] 첫머리에 발간한다. 20년이라는 세월 동안 우리 사회에 얼마나 급진적이고 혁명적인 변화가 일어났는지 알 수 있는 일이다. 천한 자들, 가장 낮은 위치에 있는 자들의 목소리를 듣는 것. 그들이 주권자임을 인정하는 것으로 의미가 바뀐 것이다. 일제의 침략은 왕을 제거하고 2,000만 한민족이 집단적 노예 상태로 만들면서 새로 군주를 만드는 것이 아니라 우리 스스로 나라를 세우고, 나라를 다스리고, 우리의 목소리가 대표될 수 있는 민주주의 사회를 만들자고 공표할 수 있는 경험이 되었다.

그렇다면 민주주의의 반대말은 무엇일까?

공산주의? 사회주의? 전체주의 독재체제와 그 이후에 교

---

2) 대한민국 임시헌장. 대한민국 임시정부의 수립을 위하여 대한민국 임시의정원에서 최초로 제정·공포한 헌법

육받은 사람들은 그렇게 이야기할 수 있다. 하지만, 민주주의의 정확한 반대말은 '귀족주의貴族主義,' 현대용어로 바꾸어 말하면 '엘리트주의'다. 남보다 많이 배우고, 남보다 부유하고, 남보다 사회적 지위가 높은 사람들이 더 많은 정치적 권력을 행사할 수 있게 하고, 그들의 특권을 보호해준다. 이런 게 모두 '반反민주주의'다.

그래서 애초에 민주주의의 번역은 이상하게 되었지만, 결과적으로 대단히 철학적인 번역이 된 것이다. 단순한 정치제도가 아닌 이념이자 철학으로 재탄생 된 것이다. 상대적으로 더 못 배운 자, 약자들의 권익을 더 먼저 생각하는 이념이자 철학을 민주주의라는 단어에 담은 것이다. 그걸 잊어버려서는 안 된다. 선거 때든 평상시든.

사실, 민주주의라는 철학과 제도를 추구한다고 해서 반드시 대통령제를 채택해야 하는 것은 아니다. 반대로 국가원수를 대통령으로 한다고 해서 그 나라가 반드시 민주주의 국가인 것은 아니라는 것을 우리 의 역사만 돌아봐도 알 수 있다. 그렇다면 우리는 왜 민주주의를 실현할 시스템으로 대통령제를 택하게 되었을까?

• 역사학자 전우용 교수

임시정부는 대통령제도 적용해보고, 내각제도 적용해보고, 주석직도 만들어보는 등 여러 시도를 해보았다. 실제로 우리나라의 제2공화국도 내각제로 운영을 했었다. 시대적 한계라는 것이 존재한다. 그 시대가 지나온 과거가 있기 때문이다. 역사의 계단을 순식간에 건너뛰어, 다음 단계로 나아갈 수는 없다.

독립선언문에는 이런 문장이 등장한다. '오등은 자에 아 조선의 독립국임과 조선인의 자주민임을 선언하노라.' 이걸 학생들이 가서 읽으면 농민들이 뭐라 그랬을까? '무슨 소리냐?' 물었을 것이다. 그러면 학생들은 우리가 독립했다고 얘기했을 것이다. 그래서 같이 '신난다! 만세!' 이렇게 외치다 농민이 다시 물었을 것이다. '그러면 임금은 누가 되는 것이냐?'

시대가 그랬다. 수천 년 왕조의 역사를 거쳤고, 식민지가 된 다음에는 일본 천황의 위임을 받은 조선총독부의 통치하에 살았다. 이후 미군이 들어와 민주주의를 이야기하고, 수많은 독립운동가와 지식인들이 앞으로 우리 사회는 민주주의 국가로 건설되어야 한다고 얘기를 해도 일반인들은 민주주의가 뭔지도 몰랐다. 일본에 있는 영친왕을 다시 모셔다가

왕으로 삼고 다시 옛날 신분제 국가를 만들자는 사람들도 있었다. 왕정의 오랜 역사를 가진 나라에서 실제로 다른 식의 정치체제를 운영해본 경험도 없이 백성들에게 설득력 있는 정치체제를 제시하려면 백성이 뽑는 어떤 왕과 같은 정치가 필요하다는 식으로 접근해야 했다.

이승만이 상해임시정부의 초대 대통령으로 추대된 것도 이런 역사적 한계와 관련 있다. 첫째, 이 사람은 전주 이李씨다. 전주 이씨 왕조에 대한 존중의 의미를 표현하는 게 좋다고 여겼다. 둘째, 이 사람은 프린스턴 대학 출신이었다. 프린스턴 대학 총장은 당시 미국 대통령 윌슨 대통령이었다. 사람들은 그가 윌슨 대통령과 사제 간이라 여겼다. 이런 식으로 우리는 민주적인 상징과 기구들을 시대적인 한계 때문에 중세적으로 해석할 수밖에 없었다.

결론적으로 우리는 왕정과 가장 가까운 제왕적 대통령을 선호했다. 정리를 해보자면...

1871년 신미양요[3]를 통해 미국이라는 나라를 처음 만

---

3) 신미양요. 미국의 군함이 강화도를 침략한 사건.

난 조선은 그들을 깔보고 천대하는 의미에서 국가의 원수를 '대통령'이라 불렀다. 그리고 천한 이들이 주인이 되는 정치제도를 '민주주의'라 번역했다. 그러던 1897년 독립협회의 연설에서 천한 이들을 가르치는 '민'을 좋은 의미로 사용하자는 주장이 등장했고, 그로부터 20여 년이 흐른 1919년 임시정부는 우리나라를 대한민국으로, 체제를 민주 공화제로 한다고 임시헌장을 통해 선포했다. 그리고 민주 공화제라는 것을 백성들이 쉽게 받아들이게 하려고 왕정과 그나마 가까운 제왕적 대통령을 세웠다.

그러니까 아이러니하게도 우리는 일본이 강제로 왕정을 무너뜨려 준 덕에 민주주의를 도입할 수 있었지만, 역사의 관성 때문에 왕정과 가장 유사한 대통령제를 도입한 것. 그리고 그런 사회변화가 이루어지는데 걸린 기간은 반세기가 채 되지 않았다.

· 송기인 신부

우리의 현대사를 이야기하자면 조선이 나라를 일본에 넘겨준 그때부터 이야기해야 한다. 우리가 변혁을 요구할 수 있게 된 것은 일본이 나라를 그렇게 빼앗아버렸기 때문인지도 모른다. 이조가 물러나면서 용서를 청한 사람은 하나도 없었다. 후손들과 그 가족들까지도 비록 나라는 망했지만 전부 다 잘 살았다. 후손 중에서 '우리가 잘못해서 여러분들이 고생시켜드려서 미안합니다' 그런 말을 한 사람이 없다. 왕한 사람이 잘못해서 나라가 망했다고 할 수는 없지만, 그 당시 쌓인 병폐가 그만큼 컸다.

한반도에 살고 있던 사람들에게는 어쩌다 대통령이 생겼고, 우리는 어쩌다 국민이 된 것이다. 민주주의가 뭔지는 잘 모르지만 우리는 친해져 보기로 했고, 친해지는데 정말 오랜 시간이 걸리는 중이다. 그리고 친해지는 과정에서 우리는 불행한 대통령의 역사를 만들어갔다.

02.
대한민국 대통령 잔혹사
불행과 격동의 역사 70년

　　대한민국의 독특한 역사가 있다면, 그것은 역대 대통령들이 단 한 사람도 빠짐없이 임기 내에 혹은 이후에 불행을 맞이했다는 것이다.

- 이승만 - 4.19 혁명을 통해 불명예 하야

- 윤보선 - 재임 1년도 안 되어 5.16 사태 발생. 불명예 사임

- 박정희 - 10.26 사태로 재임 중 사망

- 최규하 - 취임 6일 만에 12.12 사태 발생. 불명예 사임

- 전두환 - 군사반란, 내란 등의 헌법 유린, 부정부패 등으로 구속·수감 및 사형선고

- 노태우 - 군사반란, 내란 등의 헌법 유린, 부정부패 등으로 구속·수감 및 사형선고

- ■김영삼 - 아들 김현철이 수뢰 및 탈세로 구속·수감 및 실형 선고
- ■김대중 - 아들 김홍일, 김홍업, 김홍걸이 수뢰로 구속·수감 및 실형 선고
- ■노무현 - 형 노건평 등이 실형 선고. 퇴임 후, 수사를 받던 중 스스로 목숨을 끊음
- ■이명박 - 형 이상득 수뢰로 실형 선고, 퇴임 후 구속·수감 및 실형 선고
- ■박근혜 - 파면. 퇴임 후 구속·수감 및 실형 선고

그나마 본인의 말년이 나쁘지 않았던 인물은 김영삼과 김대중인데, 김영삼의 경우 임기 말에 IMF 사태를 맞이한 후, 재평가가 이루어지지 못했고 보수와 민주진영 모두에게서 버림받은 존재가 되어버렸다는 것을 생각해보면 그나마 김대중만이 무탈한 편이었다 볼 수 있다.

・ **이재오 전 국회의원**

전두환, 노태우 대통령, 감옥 갔다. 김영삼, 김대중 대통령은 감옥은 안 갔지만, 재임 중에 자식들이 감옥에 갔다. 노무현 대통령은 본인이 돌아가셨다. 이명박 대통령은 퇴임 중에 형님이 감옥에 갔고, 퇴임 후에는 본인이 감옥에 갔다. 박근

혜 대통령은 탄핵받고 임기도 못 채우고 감옥에 갔다. 대한민국의 현대사는 대통령의 역사라고 봐야 한다. 그러니까 대한민국의 현대사가 편안하게 발전한 것이 아니라고 하는 것은 대통령의 거취가 어떻게 됐느냐만 보면 알 수 있는 것 아닌가. 그만큼 굴곡이 심했다는 이야기고, 앞으로도 그렇지 않을 것이라는 보장도 없다.

그렇다면 이런 비극의 역사가 반복되는 이유는 무엇일까? 우리는 이러한 반복을 끝낼 수는 있는 것일까? 우리는 늘 대통령을 잘못 뽑아온 것일까? 아니면, 우리 정서의 문제가 있는 것일까? 혹은 이런 일이 반복될 수밖에 없는 시스템이 존재하기 때문일까? 비극의 역사가 반복되는 이유에 대해서 다양한 답을 얻을 수 있었다.

정서적/문화적 문제
① 보복과 증오의 정치

• **<펜앤드마이크> 정규재 주필**

　지금 나에게 대통령은 무엇을 하는 자리냐고 묻는다면 '임기가 끝나면 감옥에 가는 자리이다' 이렇게 얘기하고 싶다. 소위 정치적 보복이 없기를 간절히 바라지만, 많은 유권자가 정치적 보복을 요구하고, 정치인들은 그 요구에 떠밀려간다. 그 분노와 증오감이 지금 좌우를 막론하고 너무나도 팽배해 있어서 내가 싫어하는 저쪽 정치 진영을 마구잡이로 두들겨 패주기를 바란다.

　노무현 대통령이 비리와 관련된 수사를 받다가 부엉이 바위에서 자살하게 되고, 노무현 대통령을 지지하던 국민은 가슴 속에 한을 품게 되었다. '이 더러운 인간들. 나중에 언젠가 우리가 이 인간들에게 복수하겠다' 마음을 먹었고, 문재인 대통령이 집권하면서 그것을 실현하고 있다. 그러니까 지금 국민은 대통령을 뽑는 게 아니고, 자기의 무슨 한풀이를 해줄 사람을 뽑는 것이다. 이런 정상적이지 못한 토대에서 정상적인 대통령이 뽑힐 수도 없다.

• 기생충학자 서민 교수

노무현 대통령이 그 시발점이다. 노 대통령이 자기 대통령으로서 책임을 다하지 못했다고 생각한다. 그 정도 고위고위공직자라면 어쨌든 검찰 수사를 통해서 자기가 억울하면 억울하다는 것을 밝히고, 죄가 있다면 그에 합당한 처벌을 받는 것이 공직자의 자세다. 노 대통령은 비겁한 선택을 한 것이다. 그러고 나니 이제 좌파 특유의 선동술이 빛을 발하면서 '노 대통령을 이명박 대통령이 죽였다'라는 명분으로 증오의 정치가 일상이 된 것이다.

• 더불어민주당 정성호 국회의원

여야 간에 처지를 바꿔 생각하는 역지사지가 부족했던 것 같다. 우리 정치가 크게는 민주주의와 시장경제체제를 부인하지 않는다고 하면 그 틀 안에서 가치는 다양할 수 있다. 상대적인 차이일 뿐이다. 나만 선이고, 상대방은 악이다. 나만 옳고, 상대방은 그르다. 이렇게 이야기할 수 있는 것이 아니다. 상대방을 악으로 규정하려고 하는 태도가 너무 강한 것 같다. 그래서 정권이 바뀌게 되면, 그 이전의 집권당과 새로운 집권당이 별 차이가 없는데도 불구하고 이전 정권이 해온 모든 것을 부정하려고 하는 경향이 있다. 그러면서 불행한 결과들을 만들어 낸 것이기에 우리는 여. 야 양 진영이 가진 가치의 상대적 차이를 서로 인정하고, 존중하고, 잘한 것은 계승하고, 못한 것은 극복, 보완하려고 하는 자세들이 필요하다.

• 국민의당 권은희 국회의원

한국 정치는 분열을 기반으로 형성되어 있다. 세력을 분열시키고, 분열된 세력을 결집하고, 그리고 다른 세력을 증오하게 하고. 이런 결집과 증오의 에너지를 자양분 삼아 자신의 세력을 키우고 집권을 연장하는 것이 현실이다. 제왕적 대통령이라는 것은, 이런 현실을 상징하기 때문에 이런 구조 아래서는 누가 대통령이 되더라도 마지막이 좋지 않을 수밖에 없다.

이러한 진단은 어느 시점부터 반복되고 있고, 그 수요가 커지고 있는 '정치보복'에 대한 문제 인식과 그 해소방안을 이야기해줄 수는 있다. 하지만, 이는 아무리 거슬러 올라가 봐도 노무현 대통령 이전의 역사를 이야기해주지 않는다. 70년의 역사 속에서 극히 일부일 뿐이고, 그나마도 반론의 여지가 충분하다. 가령, 전직 대통령들에 대한

처벌에 관해 이를 정치보복으로 볼 수 있느냐에 대한 온도 차는 있지만, 진영을 막론하고 국민적 공감대가 형성되었다고 보기는 어렵다. 따라서 이런 진단에 대해 대한민국의 대통령이 처한 다양한 정치 현실의 일부로 인지하고 근본적인 문제에 대해서도 따져볼 필요가 있다.

정서적/문화적 문제
② 역사와 국민 정서

• 역사학자 전우용 교수

  87년뿐만 아니라 그 이후의 역대 선거에서도, 심지어 지금도 대통령은 하늘이 내리는 것이라는 중세적 믿음을 가진 사람들이 많다. 손바닥에 '왕王'자를 쓰고 나오는 사람도 있다. 무슨 말이냐면 대통령과 왕을 구분하지 못하는 것이다. 선거 때마다 말은 국민의 머슴, 국민의 심부름꾼이라 얘기한다. 그런데도 여전히 대통령과 왕을 혼동한다. 왕정 역사는 수천 년이지만, 대통령을 직접 뽑은 역사는 길어봐야 35년 정도다. 자기가 찍은 표가 엉뚱한 데로 가지 않는다는 믿음도 보편화 된 지 이제 겨우 30년이 넘었을 뿐이다. 그래서 자기가 뽑는다고 생각하지 않는다. 하늘이 내린다고 생각한다. 중세적 사고방식이 척결되지 않은 것이다.

  문제는 대통령을 왕으로 생각하니까 뭐든지 다 할 수 있는 사람으로 생각한다. 부여시대랑 똑같다. 날이 가물거나, 장마가 계속되거나, 홍수가 나거나, 흉년이 들면 제사장인 왕의 책임이었다. 경기 불황이거나, 천재지변이 일어나거나, 뭔가 나쁜 일이 발생하거나, 땅값이 올라도 왕의 탓이다. 사고방식이 그렇다. 어떤 것이 정치의 영역이 할 일이고, 어떤 것이 정치의 영역으로 통제가 안 되는지에 대한 구분의식이 없다. 합리적으로 사고를 못 하는 것이다. 아직도 많은 사람이 중세적, 종교적 의식으로 대통령과 왕을 같다고 보는 것이다.

· **강원국 작가**

국민은 어찌 보면 제왕적 대통령에서 벗어나야 한다고 하면서도 왕 같은 대통령을 기대한다. 그런데 대통령은 절대 왕이 될 수 없다. 제왕적 대통령은 하지 마라. 그러면서도 왕 같은 역할을 해라. 하지만 이제는 옛날같이 힘도 없고, 무소불위의 권력을 쥐고 흔들던 그런 시대도 아니다. 그래서 어찌 보면 대통령의 역할에 대해서 국민이 기대 수준을 좀 낮춰야 하지 않나 하는 생각을 한다.

· **조전혁 전 국회의원**

대한민국이 경제적으로 압축성장을 한 만큼, 정치적으로도 굉장히 압축성장을 했다. 우리보다 일찍 민주주의를 도입했던 나라들을 생각해보면, 영국의 경우에 1,500년대 권리장전부터 시작해서 민주주의가 성장해나가는데 수백 년 동안 엄청난 피를 흘렸다. 대한민국의 경우는 거의 4~50년 만에 정치가 압축적으로 성장했다. 정치발전에 있어서 대한민국 대통령 재임 기간 5년은 유럽으로 치면 20년의 속도감을 느끼는 시간이다. 그러다 보니 안 좋은 것도 그만큼 빨리 쌓인다. 그것도 대통령이 혼자서 다 책임을 져야 하는 부분이다 보니 불행이 반복될 수밖에 없는 것 같다.

우리는 어찌 보면 영웅을 만들지 않으려 한다. 미국에서는 작은 커뮤니티에서도 귀감이 되는 사람들에 대한 무용담을 만들고 그들을 영웅으로 만들어준다. 우리도 당연히 그런 영웅 대우를 받을만한 정치지도자들도 충분히 있을 수 있는데, 오히려 이들의 흠결을 과하게 부각해 굉장히 추악한 인간으로 만드는 경향이 있다.

• <서울의 소리> 백은종 대표

열 개의 업적 중 두 가지를 잘못했다고 나머지 여덟 가지를 묻어버리는 판단은 옳지 않다. 우리나라 국민이 칭찬에 좀 인색하다. 어쨌든 나보다 좀 우위에 있으면 끌어내리려고만 하지 내가 더 노력해서 그 위치로 올라가려고 하지 않는다. SNS에서 더 심하게 일어나는 부분이지만 우리가 앞으로 좀 칭찬을 많이 하는 사회 분위기를 만들어야 한다고 생각한다.

우리 헌법 제1조에 2항에 '대한민국의 주권은 국민에게 있고, 모든 권력은 국민으로부터 나온다'라고 정하고 있기에 국민의 정서와 의식이 대통령의 운명을 결정하는 것이 맞다. 하지만, 우리 역사와 국민이 그럴 만하니까 이런 역사가 반복되어 온 것이라고만 규정하기에는 무언가 개운치 않다. 그러한 전제를 깔아놓으면 일부의 지적대로 시간이 해결해주기 전까지 이 역사는 앞으로도 계속 반복될 것이라는 결론에 이르게 된다.

하지만, 이 역사가 반복되지 않을 것이라는 의견도 있었다.

• 더불어민주당 김민석 국회의원

이런 반복의 역사를 끝낼 때가 되었고 끝내는 것이 가능한 시점이 왔다고 생각한다. 그런 경험을 진보와 보수 양쪽에서 모두 충분히 경험했고, 이제는 그런 역사를 반복하지 말아야 한다는 공감대가 역사적으로 축적된 것이 아닌가 싶다. 어찌 보면 문재인 대통령의 40%대 지지율은 현재 대통령으로서 하는 역할의 수행에 대한 평가도 있지만, 이제는 퇴임 대통령에 대한 평가와 존중을 어느 정도 유지해 줘야 한다는 국민적 공감대도 반영이 된 것이라고 본다. 도덕성에서 시빗거리가 없으면 이 불행한 역사는 마무리가 가능한 시점이 왔고, 이제는 마무리해야 할 것이다.

또한, 이제는 대통령의 가족들에 대해서도 우리가 조금 더 너그러워질 필요가 있고, 그럴 수 있는 시점이 됐다. 정치인의 자녀가 부모가 정치인이라는 것 때문에 받는 영향의 정도는 부모가 다른 직업일 때보다 훨씬 크다. 그들의 독립적인 삶을 위해서는 부모나 그 주변에서 훨씬 더 의식적으로 노력해줘야 한다. 근데 그 정점에 있는 대통령이라면 말할 것도 없다. 그런 점에서 대통령의 가족이라는 사람들은 어떻게 먹고살까, 어떤 일을 하고, 일상은 남들과 똑같이 편안하게 보낼 수 있을까에 대해 한 번 정도 생각해 주면서 보호해줄 수 있는 정도의 경험을 우리 모두 축적했다고 생각한다.

여기까지 정리를 해보자면 우리 정치문화는 대통령에게 너무 많은 권한과 책임을 기대하고 있으며, 정서적으로 대통령의 공을 인정하는 데에 인색하고, 과를 잔인하리만치 응징하는 태도를 나타내는 것으로 보인다. 이는 대한민국 현대사가 정치적 압축성장을 이루는 과정에서 나타나는 성장통일 수도 있고, 아직도 중세적 종교적 사고를 벗어나지 못하고 있기 때문일 수도 있다. 대통령의 도덕성과 그 가족에 대한 배려만 충분하다면 이 역사를 끝낼 수 있다고는 하지만, 뭔가 너무 개인에 맡기는 듯한 느낌을 지울 수 없다. 그렇다면 다른 곳에서 힌트를 얻을 수는 없을까?

· 이재오 전 국회의원

시스템을 이대로 두고 본다면 모든 것을 대통령이 다 책임져야 하고, 책임을 저야 할 만큼의 권한 또한 대통령에게 있다. 우리나라의 대통령제가 어떤지 농담처럼 한마디 하자면, "국회의원들이 지역구를 돌아다니다 골목에 가로등이 하나 꺼져 있어도 주민들은 대통령이 정치를 그렇게 하니까 가로등이 꺼지는 것 아니냐"라고 하는 정도다. 이 정도이니 우리나라 사람들이 대통령의 권한과 책임을 얼마나 막강하게 여기는지 알 수가 있다. 따라서, 시스템을 이대로 계속 두게 되면 불행의 역사는 반복될 수밖에 없을 것이다.

시스템적 문제나 구조적 문제는 무엇을 말하는 것일까? 시스템의 문제를 짚어보기에 앞서 대통령의 권한과 책임, 그리고 이 사회에서 차지하고 있는 역할에 대해서 먼저 살펴보자.

03.
대통령의 역할

그나저나 대통령은 뭐 하는 사람이지?

"일단 국민을 위해 힘을 쓰고, 나라를 발전시키는 데 도움을 주시는 분이요. 나라의 대표로 일을 하시고 국민이 힘든 일이 있으면 발 벗고 도와주시는 분이 대통령이라고 생각합니다."

<대한민국 대통령 中>

우리는 대통령 선거에 투표할 때, 대통령이 무엇을 하는 사람인지 정도는 알고 투표하는 것일까? 종종 대통령 후보라는 사람들이 발표하는 공약을 보면 후보 스스로가 대통령이라는 자리에 대한 이해가 부족한 것이 아닌가 의심이 들 때도 있을 정도다.

• 더불어민주당 정성호 국회의원

"국민은 자기 눈높이에 맞는 정치인을 뽑는다"라는 이야기가 있다. 어떻게 보면 국민의 바람을 대통령 후보자들이 대통령을 대신해서 하는 것인지도 모른다. 하지만, 그것이 대통령이 할 수 있는 일이 아닌데 국민이 원한다는 이유로, 선거 전략상 유리하니까, 대통령 권한 밖의 일도 공약으로 만들고 본다. 또 많은 국민이 대통령이 그걸 할 수 있다고 생각한다. 대통령이 가진 권한을 통해 입법부도 지배할 수 있다고 생각하는 것이다. 예를 들면, 국회의원의 불체포특권을 없애겠다거나 국회 의석수를 줄이겠다는 것들이 그러하다. 이는 대통령이 공약으로 내건다고 하더라도 법률개정이 아닌 개헌을 통해서 이루어져야 하는 사안이다. 국회의원의 3분의 2가 동의를 하고 국민투표에 부쳐야 하는 것을 공약으로 내는 것이다.

어쩌면 우리가 대통령이라는 사람에 대해 가진 그릇된 환상 때문일 수도 있다. 하지만, 대통령이라는 자리가 미래의 청사진을 제시하는 자리라고 생각하면 개헌과 관련한 이야기를 꼭 못할 것도 아닐 수 있다. 그럼에도 불구하고 주권자인 국민이 적어도 대통령이 무엇을 하는 사람인지를 알고 나면 대통령에게 무엇을 기대할 수 있는지, 무엇을 기대해서는 안 되는지 정도는 알게 될 것이다.

그렇다면 대한민국 대통령은 무엇을 하는 사람일까? 우리 헌법은 대통령을 이렇게 규정하고 있다.

제66조

1. 대통령은 국가의 원수이며, 외국에 대하여 국가를 대표한다.

2. 대통령은 국가의 독립 · 영토의 보존 · 국가의 계속성과 헌법을 수호할 책무를 진다.

3. 대통령은 조국의 평화적 통일을 위한 성실한 의무를 진다.

4. 행정권은 대통령을 수반으로 하는 정부에 속한다.

제69조

대통령은 취임에 즈음하여 다음의 선서를 한다.

"나는 헌법을 준수하고 국가를 보위하며 조국의 평화적 통일과 국민의 자유와 복리의 증진 및 민족문화의 창달에 노력하여 대통령으로서의 직책을 성실히 수행할 것을 국민 앞에 엄숙히 선서합니다."

제73조

대통령은 조약을 체결 · 비준하고, 외교사절을 신임 · 접수 또는 파견하며, 선전포고와 강화를 한다.

제74조

1. 대통령은 헌법과 법률이 정하는 바에 의하여 국군을 통수한다.

요약해보자면 국가원수의 지위, 정부 수반으로의 지위, 헌법 수호자의 지위를 갖고 있다는 것이다. 국가원수의 지위라는 것은 한 국가의 최고지도자이자 국제법상 외국에 대하여 그 나라를 대표하는 자격을 갖는다는 의미다. 정부 수반으로의 지위는 정부를 조직하고 이끌어갈 수 있는 지위를 의미한다. 헌법 수호자의 지위는 국가의 독립, 영토의 보존, 국가의 계속성과 헌법을 수호하는 지위를 의미한다. 따라서, 대통령은 헌법상 국가의 통일성과 항구성을 상징하며, 외국에 대해서는 국가를 대표하고, 국내에서는 최고의 통치권을 행사하는 기관으로 헌법에서 규정하는 것이다.

이 밖에도 "조약을 체결·비준하고, 외교사절을 신임·접수 또는 파견하며, 선전포고와 강화"를 하는 임무를 수행하고대한민국 헌법 제73조, 국군의 최고 통수권자이기도 하다대한민국 헌법 제74조 1항 지위별로 권한을 살펴보면.

- ■국가대표자의 지위 : 외교에 관한 권한, 영전 수여권
- ■국가 및 헌법 수호자의 지위 : 국군통수권, 긴급명령권, 긴급재정·
  경제처분 또는 명령권, 계엄선포권. 위헌정당해산 제소권,
- ■국정의 통합·조정자의 지위 : 헌법개정안 발안권, 국가 중요정책
  에 대한 국민투표 부의권, 법률안 제출 및 공포권, 국회 임시회 집
  회 요구권, 사면·감형·복권에 관한 권한, 국회 출석·발언권
- ■행정부 수반의 지위 : 법률안 거부권, 행정입법권, 행정부 구성권,
  공무원 임명권

헌법기관의 구성에 관하여 대법원장, 헌법재판소장과 헌법재판관, 국무총리와 국무위원, 대법관, 중앙선거 관리 위원장 등을 임명할 권한이 있다. 이 외에도 대통령이 임명할 수 있는 자리가 적게는 3,000개에서 많이는 10,000개[4] 까지도 이야기가 나온다.

하지만 이렇게 법에서 규정하고 있는 대통령의 역할을 우리가 공부한다고 해서 대통령이 무엇을 하는 사람인가

---

4) 정세균 전 국무총리가 2021년 더불어민주당 대통령 후보 경선 과정에서 이처럼 주장했다.

에 대해서 다 알 수 없다. 그래서 패널들에게 대통령의 역할에 관해서 물었다. 패널들은 각기 다른 대답을 내놓았다. 그렇다고 누군가가 정답을 이야기하고 누군가가 오답을 이야기한 것이 아니다. 그만큼 대한민국 대통령은 큰역할을 하는 사람이고, 사람마다 대통령이 하는 일에 대해서 중요하게 여기는 부분이 다르기 때문이다.

최고 권력자로서의 대통령

· 서민 교수

대한민국 대통령은 최고 권력자다. 모든 권력을 가진 사람이다. 우리나라는 말이 삼권분립이지 대통령 1인이 마음먹으면 얼마든지 독재할 수 있는 나라. 입법부는 당연하다는 듯이 대통령의 시녀 역할을 하고 있다. 따라서 대통령은 대한민국에서 가장 힘이 센 사람이다.

갈등의 조정자로서의 대통령

· 조전혁 전 국회의원

대통령은 이해와 갈등을 조정하는 존재다. 마치 오케스트라의 지휘자처럼 지휘하는 사람이다. 이 사람의 보직이 바이 올린 연주자가 되어서는 안 된다. 하모니를 유지하기 위해 문제가 되는 부분을 잡아내고 그것을 빠르게 조정해 내는 것이 훌륭한 지휘자다. 특정 분야의 전문가로서 거기에 매몰되는 사람이 되어서는 안 된다.

• 정의당 류호정 국회의원

대한민국은 지역, 세대, 성별, 계층 간 갈등이 큰 공동체다. 그래서 이러한 갈등을 잘 조율하고 관리하는 것이 대통령의 중요한 역할이다.

"갈등을 완화 시키거나 완전 해결을 하지는 못하더라도 어느 정도 완화는 시켜줄 수 있는 그런 중립적인 자세를 갖춘 사람이 되어야 한다고 생각을 합니다."

<대한민국 대통령 中>

극한직업으로서의 대통령

• 더불어민주당 신정현 경기도의원

모든 정치인이 비슷한 운명이지만 대한민국 대통령은 모든 국민의 "욕바가지"이다. 비가 안 내려도 왜 안 내리는지 대통령을 욕하고, 운전하다가 도로가 막혀도 대통령 욕을 한다. 일상의 모든 잘 안 되는 것들은 모두 대통령의 탓이다. 그 모든 국민의 원한과 욕을 한 몸으로 감당해야 하는 직업이 대통령이다. 또한, 국민의 원한만큼이나 희망을 짊어져야 하는 것도 대통령이다. '이걸 약속했는데 왜 못했어?', '너희가 해주기로 했는데 왜 안 되고 있어?' 등등... 되지 않는 이유는 분명히 존재하겠지만, 그 희망을 안겨준 것도 대통령이기에 희망 고문의 주체로서 대한민국 대통령은 극한 직업이다.

• 더불어민주당 박용진 국회의원

정말 인기 없는 결정을 많이 하고 그럴 수밖에 없는 자리다. 최근에 문재인 대통령이 차세대 전투기 보라매 KF21이 나온다고 자주국방의 강력한 의지를 보여준다고 말씀하셨다. 차세대 전투기를 제작 하자는 결정은 김대중 대통령께서 하신 거다. 그거 할 때는 왜 수조 원짜리 사업을 하느냐고, 왜 임기 말에 결정하냐고 말도 많고 그랬는데, 박수는 문재인 대통령이 다 받은 것이다.

노태우 대통령 때 결정된 것도 많다. 우리가 흔히 타고 다니는 KTX의 도입을 노태우 정부 때 결정한 것이고, 지금은 세계적인 공항인 인천공항도 바다 한가운데 공항을 짓는다고 난리도 아니었다. 허구한 날 안개가 끼는데, 거기에 무슨 비행기를 이착륙을 시키냐면서 물태우라고 욕도 엄청나게 먹었다. 하지만, 그러한 결정 덕분에 지금의 우리 국가가 어마어마하게 규모가 커졌고 그것을 뒷받침하는 세계적 공항이 된 것이다.

인기 없는 결정을 하고, 박수는 뒤의 대통령이 받고, 또 후세대가 그 성과와 보람을 누리도록 하는 것. 그것이 대통령의 역할이다.

국민을 섬기는 자로서의 대통령

· 유튜브 <새날> '푸른나무' 권현문 대표

우리의 '종'일 뿐이다. 그것이 굉장히 중요하다. 우리가 심부름시키는 사람, 그 사람이 특별해지면 안 되는 거다. 그 특별한 임무가 너무 커서 우리가 경호는 열심히 해줘야 하겠지만, 심리적으로 추종자가 되어서는 안 된다고 생각한다. 우리 국민의 어떤 명령이 잘 전달되고, 최소한 말이라도 '예, 예' 할 수 있는 그런 게 대통령의 최고의 가치다.

"일하라고 뽑은 사람인데, 이건 뭐 대통령이든 공무원이든 다 국민의

공복이라고 그러잖아요. 공복. 머슴이고 노비인데, 머슴이랑 노비가
생기기만 잘생기고, 일을 못 하면 그건 안 되잖아요 일을 잘해야지."

<대한민국 대통령 中>

· 더불어민주당 정성호 국회의원

국민에 대한 무한봉사자이다. 국가의 목표를 달성하고,
국민의 행복을 위해서 일하면 되는 것이다. 사회, 정치, 경제,
문화, 복지 전 분야에 걸쳐 대통령의 영향력이 미치지 않는
부분들이 없다. 자나 깨나 오직 국민의 행복과 국가발전을
생각하는 자세를 갖출 의무가 있는 사람이 대통령이다.

국민이 기댈 수 있는 존재로서의 대통령

· 더불어민주당 박주민 국회의원

보통 대통령제 국가, 우리나라도 그렇고 다른 나라도 그
런데, 어떤 법과 헌법의 원칙에 의해서 주어진 권한과 역할
말고도 국민이 기댈 수 있는 사람으로 생각한다. 그리고 역
사적으로도 보면 과거의 잘못됐던 일들에 대해서 반성하거
나 치유하는 역할도 갖고 있다. 이것은 법에 규정된 건 아니
지만 국민이 과거의 어떤 일에 대해서 '그건 잘못된 일이었
습니다.'라고 하면 역사적으로 다시 평가가 이뤄진다든지 그
런 효과를 낳기도 한다.

• 박시영 윈지코리아 대표

사실, 아버지 같은 역할을 해야 한다. 믿고 의지할 수 있는 마지막 보루 같은 느낌 아닌가. 그리고 내 삶에 지대한 영향을 미칠 수 있는 사람이다. 정부가 잘한다고 해서 나한테 떨어지는 것이 뭐가 있느냐? 내 삶이 바뀌는 게 뭐가 있느냐? 라고 생각하는 사람도 있을 것이다. 최근의 여론조사에서는 그 부분이 많이 바뀌었다. 어떻게 보면 큰 정부에 대한 수용성이 높아진 것이다. 코로나 국면에서 그렇게 변한 것이다. 국가가 방역하고, 지자체에서 문자도 보내고, 격리되면 보건소뿐 아니라 여러 부처에서 직접 챙겨주기도 하고, 동사무소나 주민센터들이 하는 일도 보게 되면서 정부가 내 생활과 밀접하게 연결되어 있다는 것을 느끼게 된 것이다. 다양한 정보를 주는 것뿐만이 아니라 손실보장제도를 통해 소상공인 지원도 해준다.

국가대표로서의 대통령

• 국민의당 안철수 대통령 후보

무엇보다 우리나라의 자존심이자 상징이다. 외국에 나갔을 때, 국가원수로서 우리나라를 자랑스럽게 대표하는 자리이며 문제 해결사의 상징이기도 하다. 여러 가지 사회문제가 있을 때, 그 문제를 고쳐 많은 국민을 편안하게 해주는 것이 대통령의 가장 중요한 업무 중 하나다. 그리고 미래와 희망의 상징이기도 하다. 지금은 힘들지만, 열심히 노력하면 앞으로는 잘 될 수 있다는 그런 희망을 불어넣어 주는 존재이다.

"사실 우리가 다른 나라 뉴스 보면서 다른 나라의 국가원수들이 이상한 짓을 하면 저 나라 사람들은 왜 저런 사람을 뽑아놨을까? 이런 이야기 하잖아요? 그 사람이 가지고 있는 이런 여러 가지 이미지들이 그 나라의 국격을 대표하는 거, 맞죠."

<대한민국 대통령 中>

• 더불어민주당 김민석 국회의원

아주 쉽게 이야기하면 미국, 일본, 중국, 러시아, 북한 이 다섯 나라의 톱Top들하고 상대하는 자리다. 이 다섯 나라의 톱들을 만나고, 대화하고, 요리하는 사람이다. 이게 제일 큰 일이다. 그 사람들한테 밀리면 안 된다. 우리 대통령의 수준과 꾀와 전략과 시야가 이들에게 밀리지 않으면 우리는 계속 올라가는 것이고, 밀리면 말리는 것이다. 대통령이 똑똑해서 안 밀리냐? 꼭 그렇지 않다. 옛날에는 국력 자체가 밀렸다. 하지만 지금은 아주 많이 쫓아왔다. 예전에는 국력이 따라가야 하는 쪽이었다면 지금은 대등하진 않더라도 완전히 천대받지 않을 수 있는 수준이 되었다. 어떻게 6인의 게임을 플레이하느냐가 우리의 운명을 좌지우지한다.

• 더불어민주당 정성호 국회의원

외교, 안보, 국방은 그 자체가 국제관계에서 존재할 수 있게 하는 기본적인 틀을 제공하는 것이기 때문에 국내문제보다 더 우선되고 가장 중요한 문제라 할 수 있다. 현재는 전쟁이 없다고 하지만, 역사상 전쟁이 없었던 세기는 없었다. 더구나 남북관계에 있어서 전 세계 유일한 분단국가이고 가장 좁은 지역에 가장 군사력이 밀집된 가장 위험한 지역이다. 그렇기에 이런 국가를 보위하고 국민의 생명과 재산, 안전을 지키려고 하는 것이 외교와 국방의 기본이다.

대통령의 법적인 권한과 책임 외에도 대통령이라는 자리가 우리 사회에서 차지하는 역할도 상당히 크다는 것을 확인할 수 있었다. 그렇다면 앞서 이야기했던 '시스템적 문제'라는 것은 대체 어떤 것을 이야기하는 것일까? 이렇게 큰 권한과 책임으로 인해 발생하는 문제라는 것은 무엇일까?

우리는 인터뷰 중 가장 많이 등장한 단어 중 하나인 '제왕적 대통령'에서 힌트를 얻을 수 있었다.

04.
제왕적 대통령
왕과 대통령 사이, 그 어딘가

앞서 '대한민국 대통령 잔혹사'에도 등장했듯 인터뷰를 진행하면서 가장 많이 등장한 문구 중 하나가 '제왕적 대통령'이었다. 대부분 인터뷰이들이 제왕적 대통령제가 문제라는 지적을 해왔다. 제왕적 대통령제는 무엇이고, 어떤 문제가 있으며 그것을 해결할 방법은 있는지 알아보자.

제왕적 대통령제에 대한 문제 인식

• 국민의당 안철수 대통령 후보

한국의 대통령은 그런 행정 권력뿐만 아니라 인사권, 예산권, 감사권, 입법권까지 다 가지고 있다. 거기에다 미국의 대통령만큼 견제도 받지 않는다. 미국 대통령은 상원, 하원의 양원으로부터 견제를 받는다. 또한, 지방자치제가 굉장히 발달해 있어서 주지사들로부터 견제를 받게 되어 대통령 혼자서 함부로 무언가를 할 수가 없다. 한국의 경우 그러한 견제가 발생하지 않는다. 사실, 삼권분립이라고는 하지만 입법부나 사법부가 행정부에 예속되어 있어 왕 수준의 권력을 갖고도 아무에게도 견제받지 않는 것이다.

· **정의당 심상정 대통령 후보**

우리나라에서 대통령은 통치자라는 개념이 가장 크게 자리하고 있는 것 같다. 원래 대통령제를 시작했던 미국을 보면 왕이 없었기 때문에 행정책임자를 두는 것에서 시작했다. '프레지던트President'라는 말은 동호회 회장도 프레지던트라고 한다. 일본을 통해, 우리나라에 대통령이라는 말이 들어온 이후, 오랜 세월 동안 시민 위에 군림하는 통치자, 대통령과 비 통치자인 시민을 수직관계로 설정해왔다. 시민과 대통령을 구분한 것이다. 강한 대통령은 거꾸로 약한 시민권을 말한다. 왕의 시대에서 벗어났지만 오랜 독재의 시대를 거쳐왔다. 그리고 아직도 대통령은 시민의 곁으로 내려오지 못했다.

· 더불어민주당 박용진 국회의원

우리 국민이 이상한 사람을 뽑는 게 아니라 대한민국은 이미 이제 혼자서 영도자 리더십으로 끌고 갈 수 있는 나라가 아니다. 엄청나게 많은 자리를 임명하는데, 누군지도 모르고 임명한다. 장관도, 총리도, 당에 영향력을 가지면서 국회의원을 공천하는데도 영향을 미친다. 이를 심지어 제왕적 대통령제라고도 한다. 제대로 견제도 받지 않고, 감시도 느슨해질 수밖에 없는 구조가 여전하다.

그런데 국민은 이미 엄청나게 더 똑똑해졌다. 세상 물정도 한 손에 다 볼 수 있게 되었다. 대통령에게 북에서 핵실험을 했다고 보고가 들어가는 순간, 속보로 국민도 그 시간에 다 알게 된다. 이런 상황에서 대한민국을 어떻게 한 사람이 혼자 끌고 갈 수 있겠는가. 대통령의 결단만으로는 이제 안 되는 것이다. 권력이 분산되고 나누어져야 하는데, 그렇지가 않다. 너무 많은 결정을 하고, 너무 많은 책임을 져야 하니까 나중에 가서 보면 잘 모르고, 인사만 계속하다 보니 온갖 곳에서 문제가 터지고, 인사사고와 책임이 다 한 사람한테 추궁이 되는 일들이 발생한다. 그래서 제왕적 대통령 제도는 재앙을 부르는 대통령제다.

· 강원국 작가

결국, 대통령으로 권력이 집중되는 데에서부터 모든 문제가 생긴다. 그러다 보니 대통령 주변 사람들도 권력을 행사하게 되고, 그게 정당하지 않으면 다 꼬투리가 잡힌다. 대통령의 권력 집중을 완화할 필요도 있고, 그것이 어렵다면 좀 투명해지는 것도, 하나의 방법이다. 늘 감시상태에 놓는 방법이 그것이다. 햇빛이 없는 음지에서 곰팡이가 피는 것이다. 시스템 자체를 그렇게 만들어 놓으면 부패가 발붙일 곳이 없게 된다.

"권력도 많고. 그런데 그런 사람일수록 겸손해야 한다고 생각합니다. 항상 권력의 남용하지 않고 국민의 목소리, 국민의 눈높이로 함께 해야 한다고 생각합니다."

<대한민국 대통령 中>

· 더불어민주당 박주민 국회의원

제도가 미비한 측면이 있다. 이명박, 박근혜 대통령의 경우에는 권력을 사유화하거나 남용하는 것에 대한 제어장치가 없었다. 그래서 스스로 비극의 구덩이를 파게 되었다. 노무현 대통령이나 문재인 대통령을 보고 있으면, 어떤 정책을 펼치려고 할 때 그것을 뒷받침할 제도 또한 부족한 것이 사실이다. 책임은 막중하고 기대도 굉장히 많이 받지만 정작 대통령 본인은 굉장히 좁은 회랑回廊을 지나갈 수밖에 없다.

대통령이 다양하고 강력한 권한을 많이 가지지만, 대통령을 실질적으로 견제할 수 있을 만한 장치들이 별로 없다는 것에 대한 문제 인식은 진영을 막론하고 존재하는 것 같다. 그렇다면 구체적으로 어떤 제도적 장치가 필요하다는 것일까? 아니며, 어떤 대안을 우리가 생각해볼 수 있을까?

권력개편의 방법

• 정의당 심상정 대통령 후보

점진적으로 의회중심제로 전환되어야 한다. 그게 민주주의고, 공존의 사회로 나아가는 전환의 정치다. 그런데, 의회중심제가 실현되려면 국민이 의회에 대한 신뢰가 있어야 하는데, 국회에 대한 불신이 대통령에 대한 불신보다 더 크다. 이를 해소하기 위해서는 국민의 표심에 비례해서 의회 의석수가 구성되도록 대표성을 확대하는 선거제도의 개혁이 필요하다. 선거제도 개혁이 이루어지면 다당제가 확립되고, 의회중심제로 넘어갈 수 있다. 정당이 하나 만들어진다는 것은 시민의 목소리가 하나 더 정치에 들어오는 것이다.

• 이재오 전 국회의원

대통령의 권한이 너무 막강하다. 국내문제는 내각에 넘겨야 한다. 행정 권력도 시도지사들에게 뿌리는 분권分權이 이루어져야 한다. 대통령이 모든 걸 거머쥐고 있으니 국내문제로 꼬일 때가 많다. 국제문제는 나라의 운명이 걸린 문제이니 대통령의 소신과 철학이 중요하지만, 국내문제의 전문분야는 전문분야대로 내각에 넘겨주고, 내각도 다 하려 하지 말고 그것을 지방의 단체장들에게 넘기고 이런 식의 분권이 이루어져야 한다.

이를 위해서 4년 중임의 분권형 개헌이 이루어져야 한다. 중임을 허용하되, 권한은 외교, 통일, 국방에 한정시키고, 나머지는 국회에서 선출한 내각 국무총리가 국회의 의석에 따라 내각을 구성하는 방법이다. 국무총리가 다수당을 대표하지만, 내각이 의석수를 비례해 구성하기 때문에 연정聯政을 할 수밖에 없어진다. 이런 방식의 개헌을 통해 제왕적 대통령제의 문제를 해결할 수 있다.

· 국민의당 안철수 대통령 후보

지금은 청와대 비서관들이 대부분의 정책 사안을 결정하고, 장관들이 명령을 받아서 수행하는 형태다. 오히려 장관들에게 권한과 책임을 더 주고 국무회의를 통해 결정이 이루어져야 한다. 그것이 정상적인 형태다. 회사를 경영할 때도 기본적인 원칙이 있다. 크게 나누어보면 참모조직이 있고, 그다음에 각각의 부서장들이 있다. 그런데, 참모를 잘하는 사람에게 부서장을 시켜보면 잘하지 못하는 경우가 있다. 반대의 경우도 마찬가지다. 나는 둘 다 잘하는 사람을 많이 만나보지 못했다. 정확하게 참모는 리더에게 제대로 된 조언을 하는 역할을 해야 하고, 실제로 일을 수행하는 것은 부서의 장將들이 책임을 지고 해나가야 한다. 국가로 따지면 참모진은 비서관들이고, 부서장들은 장관에 해당한다. 조직의 운영방식부터 잘못되어 있으니 실패가 이미 예정된 것이다.

· 강원국 작가

참여정부 초기, 감사원의 일부 기능을 국회에 좀 주려 했었다. 국회가 감사를 제대로 하려면 전문 인력과 예산을 갖고 진행해야 하는데, 의원들이 보좌관 몇 명 데리고 하니 힘의 균형이 안 맞는다. 국회가 독립적이고 자율적으로 제 역할을 할 수 있도록 이런 지원이 많이 필요하다. 하지만 그게 본인의 의지만으로 되는 것도 아니고, 정치문화라는 게 하루아침에 변화하는 것이 아니라서 어려웠다.

'개헌'이라는 키워드가 어느 정부가 들어서도 심심치 않게 등장하는 이유는 아무래도 제왕적 대통령에 대한 문제 인식에서 비롯된 부분이 있다. 현재의 헌법은 87년 개정된 헌법이 이어지고 있기에 현재의 정치 시스템을 '87년 체제'라 부르기도 한다. 아무래도 독재정권 시절, 여와 야가 합의한 내용으로 만들어지다 보니 부작용도 발생하고 수명을 다했다는 의견도 있다.

· 더불어민주당 정성호 국회의원

우리 사회가 87년보다 굉장히 많이 변화했다. 정치적으로나 경제적, 사회적으로 많이 바뀌었기에 이제는 사회가 성장한 것에 맞게 옷을 바꿔 입을 필요가 있다. 그 옷이 바로 '헌법'이다. 87년 헌법은 나름대로 역사적 소명을 다했고, 이제는 정치체제나 사회체제에 있어서 새로운 틀을 만들어내야 한다. 정치적으로 5년 단임제의 경우, 독재를 막기 위해 당시에 필요하다고 여겨 국민적 합의로 만들어졌지만, 현재는 그 부작용이 많이 드러나고 있다. 가령, 대통령이 취임하고 1년 정도는 업무 파악하는 데 쓴다. 그리고 3년 정도 일하다가 임기 마지막 해에 레임덕을 맞는다. 실질적으로 3년은 성과를 내기에 너무 짧은 기간이다. 정책을 긴 안목으로 설계하고 집행해야 하는데, 3년 안에 성과를 내야 하니까 서두르게 되고, 서두르는 과정에서 심한 예산 낭비도 발생한다. 그리고 정권이 바뀌면서 중단되는 대규모 사업도 상당하다.

=그렇다면 개헌이 필요하다는 공감대가 있는데 실제 개헌안이 발의조차 되지 않는 이유는 무엇일까?

우리 헌법 제10장은 개헌의 요건에 대해 다음과 같이 규정하고 있다.

제128조

1. 헌법개정은 국회 재적의원 과반수 또는 대통령의 발의로 제안된다.

2. 대통령의 임기연장 또는 중임변경을 위한 헌법개정은 그 헌법개정 제안 당시의 대통령에 대하여는 효력이 없다.

제129조

제안된 헌법개정안은 대통령이 20일 이상의 기간 이를 공고하여야 한다.

제130조

1. 국회는 헌법개정안이 공고된 날로부터 60일 이내에 의결하여야 하며, 국회의 의결은 재적의원 3분의 2 이상의 찬성을 얻어야 한다.

2. 헌법개정안은 국회가 의결한 후 30일 이내에 국민투표에 붙여 국회의원선거권자 과반수의 투표와 투표자 과반수의 찬성을 얻어야 한다.

3. 헌법개정안이 제2항의 찬성을 얻은 때에는 헌법개정은 확정되며, 대통령은 즉시 이를 공포하여야 한다.

종합해보면, 국회 재적의원 2/3 이상의 찬성이 있어야 하고, 국민투표에서 50% 이상의 투표율, 50% 이상의 찬성이 필요하다. 우리나라에서 그 정도로 큰 사회적 합의가 이루어졌을 때는 4.19 혁명이나 박근혜 대통령 탄핵처럼 대통령을 끌어내릴 수 있을 수준의 중대 사안이 발생했을 때밖에 없었다. 그렇다면 현재 우리는 그런 사회적 합의에 이르렀다고 볼 수 있는가? 사회적 합의는커녕 패널들 사이에서도 이견이 존재했다.

· 더불어민주당 김민석 국회의원

우리 국민이 이것을 큰 틀에서 바꾸는 게 별로 안 좋아하시는 것 같다. 그것은 정치인들이 어떻게 생각하느냐를 뛰어넘는 문제다. 국민을 생각하면 거기서 시작해야 한다. 우리 국민이 그래도 직접 내 손으로 뽑는 방식, 그리고 어려울 때 이따금 힘을 집중시켜낼 수 있는 존재로서의 대통령과 대통령제를 별로 흔들고 싶어 하지 않는다고 보이기 때문에 우리는 거기서 출발할 수밖에 없다. 현실적으로 상당 기간 그런 정서가 이어질 것으로 보인다.

다만, 대통령 권한 행사 방식이라든가 이런 것에 대해서는 우리의 정치적 경험으로도 그렇고 국민도 대통령제가 가져올 수 있는 폐단을 최소화하는 방식으로 되어야 한다고 생각하는 것 같다.

우리의 경험으로 보면 책임총리제의 도입과 같은 지혜를 충분히 발휘할 여력이 더 남아 있다고 본다. 책임총리는 현재의 헌법을 바꾸지 않고도 도입할 수 있다. 예를 들어, 총리에게 주어지는 헌법적 권한을 보다 실질적으로 하게 할 수 있고, 기술적으로 필요하다면 인사에 대한 인사 검증의 권한까지도 줄 수 있다. 더 나아가 큰 합의가 이루어진다면, 대통령제라는 큰 틀을 바꾸지 않고도 흔히 얘기하듯 임기는 늘리되 권한을 좀 완화하는 방식의 개헌도 할 수 있다.

하지만, 큰 틀에서 남북 분단의 상황까지를 포함한 우리 상황과 우리 국민의 정서를 고려했을 때, 대통령제라는 틀을 근본적으로 바꾸기는 어렵다고 본다.

· 정의당 류호정 국회의원

대통령제 말고도 많은 채택할 수 있는 많은 제도가 존재한다. 하지만, 현재의 대통령제는 국민주권을 쟁취하기 위해 노력했던 시민들의 투쟁으로 얻어낸 결과물이다. 때문에, 보완할 점이 있을지라도 국민적 지지기반이 탄탄한 제도라 할 수 있다.

· <펜앤드마이크> 정규재 주필

대통령제를 무너뜨리고 나면 국회 중심의 내각제적 요소가 잘 작동될 것인가. 이는 대한민국이 망하는 지름길이 될 것이다. 대장동 사태만 하더라도 대한민국이 얼마나 부패한 사회인지를 극단적으로 보여준다. 여야가 따로 없다. 국회는 이미 부패했고, 더 부패할 것이다.

예를 들어, 박근혜 대통령을 탄핵했던 국회가 세 개의 국회법 개정안을 냈고, 대통령은 이에 대해 모두 거부권을 행사했다. 우리 헌법 제46조에 보면 국회의원은 청렴의 의무를 갖는다. 따라서, 처분적 입법이나 처분을 주선해서는 안 된다. 이러한 정치 행위의 결과가 특정인에게 이익이나 혜택이 가지 않도록 해야 한다고 헌법에 명시되어 있는 것이다. 국회가 통과시키고자 했던 법은 행정부 고유의 권한인 민원 처리를 무력화시키는 것이었다. 행정부가 거부한 민원을 국회의원이 받으면 3개월 이내에 정부가 처리결과를 통보하기로 하는 법안인데, 표면적으로는 행정부의 권한을 훼손하지 않는 것으로 보이지만, 실질적으로는 그렇지 않다. 국정감사에서 깨질 것을 각오해야 하므로 정부 기관은 국회의원의 압박을 이겨내기 어렵다. 대통령은 이것이 위헌 소지가 있다고 하여 거부했지만, 국회는 정부와의 협조가 어렵다는 이유로 대통령을 탄핵해버렸다. 국회가 쿠데타를 일으킨 것이다.

제왕적 대통령제를 해결하기 위해서는 권력 구조를 개편해야 하고, 이를 위해서는 개헌이 필요하다. 개헌의 필요성에 대해서는 진영을 막론하고 공감대가 형성되어 있지만, 그 방식에는 아직 공감대가 형성되어 있다고 보기 어렵다는 것을 확인할 수 있었다. 특히나 국민이 의회에 대한 신뢰가 부족하고 대통령에 기대하고자 하는 의지가 강하다는 것도 크게 한몫하고 있는 듯하다. 그렇다면 대통령이 주도해서 개헌을 밀어붙이는 방법은 없을까?

• 이재오 전 국회의원

어떤 정권이든 개헌을 하고자 한다면 임기 초에 해야 한다. 그때가 가장 힘이 셀 때다. 하지만 그건 자신의 권력에 누수가 생기는 것이다. 개헌을 해버리면 개헌안에 의해 정부가 운영되어 버리니 초기에는 절대 하려고 하지 않는다. 그러면 집권 말기에 해야 하는데, 집권 말기에는 대통령이 되기를 희망하는 유력주자들이 반대한다. 권력의 사다리 걷어차기로 느끼는 것이다. 집권 가능성이 크면 당도 반대한다. 개헌이 이루어지려고 하면 대통령이 되겠다는 사람이 2년 안에 개헌하고 나머지 3년을 새롭게 개정된 헌법에 따라 5년을 하겠다고 나서야 한다. 그렇게 해야 개헌할 수 있으리라 본다.

• 국민의당 안철수 대통령 후보

대통령 스스로 청와대 조직을 반으로 줄이거나, 국무회의를 중심으로 국가를 운영하는 것은 헌법을 고치지 않더라도 할 수 있는 것들이다. 하지만 근본적인 권력 구조 개편은 개헌을 통해 이루어질 수밖에 없다. 집권 초기에는 개헌을 할 힘이 있다. 하지만 그때는 개헌할 생각이 없다. 자신에게 많은 권한이 주어져 있으니 이걸 충분히 누리다가 임기 후반이 되어서야 개헌을 하려고 하는데, 그때는 이미 힘이 빠진 후가 된다. 결국은 대통령이 개헌을 시도만 하고 실패하는 것이다. 개헌의 의지가 있다면 임기 초반에 그걸 시작해야 권력 구조를 제대로 바꿀 수 있다.

결국, 제왕적 대통령제의 문제를 근본적으로 해결하고자 한다면 대통령이 되겠다는 사람 스스로 자신의 임기 시작과 동시에 권력을 내려놓겠다는 의지가 필요하다는 것이다. 대통령의 의지와 국회 2/3의 동의와 국민의 승인이 모두 갖춰져야 가능하다. 이 정도면 거의 구조적으로 불가능한 것이 아닌가 하는 생각도 든다. 그렇다면 꼭 개헌과 관계되었다고 볼 수 있는 다른 문제들은 없을까?

우리는 대통령과 동의어로 쓰이는 청와대가 어떻게 돌아가는지를 더 들여다보기로 했다.

05.
청와대 라이프

청와대 돌아가는 꼴을 알아야 나라 돌아가는 꼴을 안다.

청와대는 대한민국 대통령이 기거하고 업무를 보는 곳이다. 대통령과 관련한 대부분의 일이 이루어지는 공간이기 때문에 우리는 청와대를 대통령과 동의어로 사용하기도 한다. 따라서, 대한민국 대통령을 이해하기 위해서는 청와대가 어떻게 돌아가는지에 대해서 아는 것이 필수적이다. 하지만, 매일 청와대와 대통령에 관한 뉴스가 쏟아짐에도 불구하고 우리는 청와대에서 어떤 일들이, 어떻게 벌어지는지는 거의 알지 못한다. 막연하게 '대통령이 기거하고 업무를 보는 곳'으로만 알 뿐이다.

청와대에 대해서 인터넷에 검색을 해보면 다음과 같은 정보들을 찾을 수 있다.

• 역사

원래는 고려 시대에 남경의 별궁이 있던 자리로, 조선 시대에는 경복궁의 후원이었다. 일제강점기였던 1939년 9월 20일 조선총독부 관저가 지어졌고, 6대 조선 총독 미나미 지로南次郞가 처음으로 사용하였다. 미군의 신탁통치 기간, 존하지John Reed Hodge 중장이 관저로 사용했고, 이승만 대통령의 취임과 동시에 대통령 관저로 변했다. 당시의 이름은 '경무대景武臺'. 1961년 윤보선 대통령이 취임하면서 이승만 정권을 상징하는 경무대가 부정부패의 이미지가 있었고, 국민에게 좋지 않은 감정을 준다는 이유로 '청와대靑瓦臺'로 이름을 바꾸었고, 그것이 오늘까지 이어져 오고 있다. 1991년 9월 4일 신관을 신축했고, 1993년 10월에 김영삼 대통령이 '역사 바로 세우기'의 하나로 조선총독부 건물을 철거하면서 구본관 건물도 함께 철거했다.

• 주요시설

대통령 집무실이 있는 본관, 국빈들을 대접하거나 대규모 회의가 열리는 영빈관, 대통령과 그 가족들이 생활하는 관저, 참모들이 일하는 여민관, 회의 전용 건물인 서별관, 외빈을 접견하는 상춘재, 기자들이 출입하는 춘추관 등이 있다. 2003년에는 국가 위기 관리센터 상황실, 이른바 지하벙커가 만들어졌다.

이 정도의 정보는 단순 검색으로 충분히 알 수 있는 내용이다. 하지만 그렇다고 이 이야기들이 대한민국 대통령에 대해서 무언가 알려주지 않는다. 대통령의 일과가 어떻게 구성이 되는지, 청와대에서는 어떤 일들이 벌어지는지, 청와대 조직은 어떻게 구성되는지 등등... 우리가 주권자로서 반드시 알아야 하는 내용이 빠져있다. 청와대 돌아가는 꼴을 알아야 나라 돌아가는 꼴을 알 수 있다. 청와대가 어떻게 돌아가는지 전부 알 수는 없지만, 청와대를 직장으로 삼았던 이들의 이야기를 통해 힌트를 얻을 수 있을 것이다.

본 챕터의 인터뷰에 참여해준 패널들은 김대중, 노무현 대통령 시절 청와대 연설비서관을 지낸 강원국 작가와 노무현 대통령 시절 청와대 언론비서관을 지낸 박시영 원지코리아컨설팅 대표이다. 우선, 이들이 처음 청와대에서 일하게 되었을 때 놀랐던 점부터 살펴보자.

청와대의 허술함

· **강원국 작가**

청와대에서 가장 의외였던 것은, 생각보다 허술하다는 것과 그다지 전략적이거나 치밀하지 않다는 것이었다. 어찌 보면 기업보다 못하다. 그럴 수밖에 없는 이유는 5년마다 정권이 교체되건, 연장되건 간에 대통령이 바뀌면 모든 것이 바뀐다. 5년마다 조직과 시스템이 리셋 되고 축적이 안 된다. 기업은 수십 년씩 본인들만의 노하우가 축적이 되지 않는가.

또, 대통령의 권력이 밖에서 보는 것만큼 강력하지 않다. 대통령으로서 할 수 있는 일이 그렇게 많지도 않다. 국회도 있고, 시민사회도 있고, 언론도 있고. 특히 취임 1년 차와 임기 마지막 연도는 거의 일을 못 한다고 봐야 한다. 취임 1년 차는 힘이 제일 셀 때인데 준비가 덜 되어있고 청와대 세팅하는데에도 많은 시간이 걸린다. 처음 모인 사람들이니 업무 조정을 어떻게 할 것인지, 회의는 어떻게 진행할 것인지 등 여러 가지 문제를 조율해나가야 한다. 그렇게 자리 잡는데 1년 정도 걸린다. 마지막 1년은 대선후보가 정해지고 그쪽으로 힘이 쏠리기 때문에 할 수 있는 게 많이 없다.

그렇다면 실제로 일할 수 있는 시간은 3년 정도가 된다. 씨를 뿌리고 열매를 거두기에는 턱없이 부족한 시간이다. 어쩌면 씨를 뿌리고 열매를 거두는 일은 대통령의 과업이 아닐 수 있다. 대통령의 프로젝트라면 아무리 빨라도 다음 대통령, 한 20년 지나서 결실을 거두는 게 진정한 대통령 프로젝트가 아닐까?

· 박시영 윈지코리아컨설팅 대표

놀랐던 것은 청와대에 들어갔는데, 사무실이 너무 좁고 건물이 낡았다는 점이었다. 당시 민주당사와 비교해도 너무 차이가 났다. 청와대 하면 권력의 가장 중심인데, 여건이 잘 갖춰져 있을 것이라는 선입견이 있지 않나? 하지만 전혀 그렇지 않다. 너무 낡고, 오래되고, 다닥다닥 붙어서 일하는 구조였다. 또, 정치적인 현안들이나 사안들에 대해서 많은 직원이 너나 할 것 없이 의견도 많이 내고, 활발하게 토론도 하고, 정무적 판단을 하는 것으로 생각하기에 십상이다. 고도의 정무적인 능력이 있어야 하는 기관이라 생각할 텐데, 전혀 그렇지 않다. 대부분의 청와대 직원들은 정무적인 것과 전혀 무관한 일상의 활동을 한다.

대한민국 권력의 최고 정점에 있다고 하는 청와대가 허술하다는 사실도 놀랍지만, 놀라운 점은 거기에서 그치지 않았다. 정권마다 청와대 운영방식과 인력이 변하다 보니 밖에서는 보이지 않는 세세한 부분에서 큰 차이가 발생하기도 한다. 그중 가장 큰 문제점 중 하나로 지적된 것은 생각지도 못한 곳에 있었다.

보고 시스템의 중요성

· 박시영 윈지코리아컨설팅 대표

노무현 대통령 때는 '이지원'[5] 시스템이 있었다. 어떤 보고서를 올리면 누가 언제 보았는지 실시간으로 모니터링이 가능하다. 그리고 대통령께서 직접 확인한 보고서에 댓글로 코멘트를 달았다. 주로 새벽 시간에 댓글이 달렸는데, 어쨌든 피드백이 바로바로 왔다.

---

5) 이지원(e지원시스템). 전자 지식 정원이라는 의미로 참여정부에서 개발한 업무 관리 시스템으로 문서관리 시스템과 기록관리 시스템으로 구성되어 있는데, 문서관리 시스템은 문서 작성 및 결재 과정을 일원화한 것이며 기록관리 시스템은 문서에 비밀 등급을 설정하여 자동 보관하는 것을 말한다.

이명박, 박근혜 대통령은 종이로 보고서를 받아 봤다. 종이로 보고를 드리면 어떤 현상이 벌어지냐? 모든 직원이 수동적인 사람으로 전락한다. 내 보고서를 대통령이 읽었는지, 비서실장은 봤는지 피드백이 없으니 보고서에 확신이 안 생긴다. 뭔가 계속 건의를 하긴 하는데 받아들여진 것 같지 않다. 그러면 전달이 제대로 안 된 것으로 판단할 수밖에 없다. 그러면 '오늘 내가 뭐 하는 거지?'라는 생각이 들기 마련이다.

청와대가 보고 시스템을 어떻게 구축하느냐에 따라 대통령을 고립시킬 수도 있다. 예를 들면, 이지원 같은 시스템이 없으면 행정관이나 비서관들이 종이 보고서를 들고 수석들한테 전달한다. 그런데 비서실장이나 정책실장이 대통령한테 쓴소리도 하고 생생한 민심을 전달해야 하는데, 대통령이 그런 걸 싫어한다거나 비서실장이 그런 걸 싫어한다고 하면 수석들이 행정관들이나 비서관이 쓴 보고서를 제대로 전달할 수 있을까? 설령, 그것이 제대로 전달된다고 하더라도 대통령에게까지 안 올라갈 수도 있는 것이다. 시스템은 이래서 중요하다.

이지원의 경우에는 비서실장은 며칠 몇 시에 보고서를 봤고, 대통령은 언제 봤는지 시간까지도 다 체크가 가능했고,

보고서에 대한 지시사항도 온라인으로 바로바로 확인할 수 있었다. 보고서를 볼 사람도 행정관이 다 지정할 수 있다. 그렇게 함으로써 대통령의 생각, 비서실장의 생각, 정책실장의 생각 등을 다 확인하고 '내가 이렇게 중요한 일을 하고 있구나' 하는 느낌을 받으며 적극적으로 참여하게 된다.

이런 시스템이 없으면 소수가 권력을 독점하게 된다. 비서실장 몇몇이 대통령의 눈과 귀를 막을 수 있다. '십상시', '문고리 3인방' 같은 사례가 그래서 가능하다. 대통령이 인의 장막에 싸여서 고립되는 구조를 대통령 스스로 만드는 것이다. 중간에 검열하는 사람이 있다고 생각하면 제대로 된 민심의 목소리라던가 비판의 목소리가 들어갈 수 있겠는가? 이는 실패할 수밖에 없다.

직원들이 주체적으로 열정적으로 일할 수 있는 건강한 내부구조를 만드는 것이 중요하다.

보고하는 시스템 하나로 발생하는 차이가 이 정도로 크다면 대통령이 임기와 함께 세팅해야 하는 다른 시스템에서 발생할 수 있는 문제들이 얼마나 다양할지도 생각해 볼 수 있는 대목이다. 그렇다면 대통령은 청와대에 들어가서 주로 어떻게 시간을 보내는 것일까?

대통령의 시간

· 강원국 작가

노무현 대통령께서 이지원이라는 전자문서 시스템으로 보고를 받으면 항상 댓글로 피드백을 주었다. 그러면 보고를 받은 시간과 댓글을 첨부한 시간이 뜨는데, 늘 새벽 한 시, 두 시였다. 그럴 수밖에 없다. 대통령에게는 저녁 만찬이라는 게 있다. 대통령께서 가족들과 식사를 하는 경우는 거의 없다. 청와대 참모나 외부인들, 아니면 공식행사로 만찬을 한다. 만찬을 하면 거의 아홉 시, 열 시에 끝이 난다. 그러고 정리하고 뉴스 좀 챙겨보고 하면 밑에서 올라온 보고서를 볼 수 있는 시간이 심야일 수밖에 없는데 워낙 많은 보고서가 올라오기 때문에 늦게 잘 수밖에 없다.

노무현 대통령 같은 경우에는 늘 다섯 시쯤 기상했다. 대통령은 아침에 늘 메이크업도 해야 하고, 여러 가지 루틴이 있기에 일찍 일어나야 한다. 대외적으로 대통령의 일정으로 나가는 것은 행사 참석이나 회의 주재 등 한두 개밖에 없을 수 있지만, 대내적으로는 엄청난 일정을 소화한다. 그야말로 분 단위로 있다고 봐야 한다. 그래서 대통령의 시간을 5분, 10분 내달라고 하기가 쉽지 않다. 장관이 긴히 보고 드릴 게 있다며 시간을 빼달라고 하는 것도 어려운 일이다.

행사나 대회를 가더라도 대통령은 행사시간을 지켜야 하므로 교통통제를 하고 그럴 수밖에 없다. 경호에 문제가 생기기 때문이다. 연설시간도 그렇다. 대통령의 연설시간은 정해져 있다. 경찰들이 신호를 제어하고 기다리고 있는데, 연설이 길어지거나 하면 다들 힘들어진다. 예를 들어, 연설시간이 7분인데, 청중의 반응을 보면서 애드리브를 할 수 있다. 그러면 원고에서 그만큼의 시간을 빼서 맞추고 하는 식이다. 다른 사람들의 시간도 그만큼 존중해야 하는 것이 대통령이기에 그런 노력도 필요하다.

최근 박근혜 대통령 국정농단과 관련해서 가장 논란이 되었던 문제 중 하나가 '대통령의 7시간'이라는 부분이기도 했고, 어떤 사건이 터졌을 때마다 신속한 대처가 이루어지지 않으면 대통령이 그 시간 동안 무엇을 했느냐는 언론의 질타가 쏟아진다. 청와대가 워낙 폐쇄적이고 대통령의 일거수일투족이 국가기밀이기 때문에 전부 알 수는 없다. 또한, 우리가 참고할 수 있는 것도 참여정부 인사들의 증언이기도 하고, 이들이 대통령의 일정 수행에 직접적으로 관여한 것이 아니기에 대통령의 일정 구성이 어떻게 결정되는지도 알 수 없다.

하지만 분명한 것은 대통령이라는 자리가 권력의 정점에 있는 만큼 대통령이 어떻게 시간을 쓰느냐가 매우 중요하다는 점이다. 또한, 인터뷰 전반에서 짐작할 수 있듯이 청와대에는 영속적인 시스템이 존재하지 않기 때문에 대통령 개인의 자기절제와 성실함, 건강함, 꾸준함, 효율성, 효과성 등이 요구된다는 점도 추론할 수 있었다. 대통령의 일정을 대통령이 직접 짜지 않을 것이기에 대통령의 일정을 관장하는 인사를 잘 뽑아야 한다는 점도 두말하면 잔소리다.

청와대 사람들

· 강원국 작가

청와대 구성원 중 정권이 바뀌면 남는 사람은 거기 계시는 목수분이나 이발소에 계신 분 정도밖에 없다. 대통령의 연착륙을 위해 일부 인력을 남겨놓기도 하지만, 세팅이 완료되면 그분들도 전부 바뀐다. 새로 들어온 사람들도 대통령 임기 2년 차, 늦으면 3년 차에 떠난다. 대통령의 힘이 절정에 있을 때 나가야 더 좋은 자리에 갈 수 있기 때문이다. 이런 상황에서 그 어떤 시스템의 영속성을 기대하기가 어렵다. 새로운 대통령이 들어올 때는 물론이고, 임기 내에도 끊임없는 초기화가 발생하는 것이다. 정권 교체 때는 당연하고, 정권이 연장되어도 자기 사람이나 도와준 사람들에게 줄 자리 하나가 아쉽기에 전부 바뀐다고 보면 된다.

우리는 앞서 대한민국 대통령의 엄청난 권한과 영향력을 이야기하며 '제왕적 대통령'이라는 표현에 대해 다루었다. 하지만 인터뷰를 통해 권력의 정점에 있는 자리가 그 어떤 영속적인 인력풀이나 시스템 없이 작동한다는 것도 확인할 수 있었다. 인터뷰이들이 모두 참여정부 인사라는 것을 고려하더라도 이후에 개선이 이루어졌다는 근거를 찾기 어려웠고, 오히려 보고체계에 있어서 퇴행했다는 점만 확인했을 뿐이다. 대통령과 청와대에 대해 갖는 막연한 환상이 깨지는 것, 이상으로 심히 우려되는 부분이 아닐 수 없다.

영화에서는 이 부분을 다루지 않았지만, 왜 패널들이

대통령의 힘이 강력하다고 말하면서도 그에 대해 갖는 기대를 낮추어야 한다고 이야기하는지 짐작해볼 수 있는 대목이다. 어쩌면 시스템이 제대로 갖추어져 있지 않기 때문에 대통령 개인의 역량과 의지에 지나치게 의존하게 되고, 그로 인해 부패나 권위주의, 폐쇄성 등, 앞서 지적되었던 문제들이 발생할 가능성도 커지는 것이 아닐까 하고 조심스레 짐작해본다. 우리가 대통령을 잘 뽑아야 하는 이유가 그만큼 우리가 제대로 된 시스템이 없기 때문이라는 것이 선진국 반열에 올랐다는 21세기 대한민국의 아이러니다.

06.
대통령의 자격

대통령이 되겠다는 사람들은 어떤 자질을 가져야 할까?

우리는 앞서 다룬 내용을 통해 대한민국은 대통령과 관련한 시스템이 다소 허술한 측면이 있기에 대통령 개인의 역량에 기대야 하는 부분 또한 크다. 그렇다면 과연 어떤 사람이 대통령이 되어야 할까? 어떤 사람이 될 수 있는 것일까?

어쩌면 책을 읽는 이들이 가장 궁금해할 부분이기도 하기에 전문 패널과 일반 시민 모두에게 대통령이 가져야 할 자질에 관해 물어보았다. 사람마다 대통령의 역할에 관한 생각이 다르듯, 대통령의 자격에 대해서도 각자다른 생각을 하고 있었다. 게다가 자신만의 기준이 있다고 말하는 사람도 자신이 지지하는 후보가 기준에 부합하는지에 물어보면 고개를 갸우뚱하는 때도 종종 발생했다.

대통령의 자격에 대한 주관적인 의견들을 종합해보기 이전에 대통령이 되기 위한 법적인 요건들부터 살펴보자.

우리 헌법은 대통령에 나갈 수 있는 조건들을 다음과 같이 정하고 있다.

제67조 4항

대통령으로 선거될 수 있는 자는 국회의원의 피선거권이 있고 선거일 현재 40세에 달하여야 한다.

그리고 국회의원의 피선거권이 있다고 하는 부분은 공직선거법을 통해 규정하고 있다.

선거일 현재 5년 이상 국내에 거주하고 있는 40세 이상의 국민이어야 하고(공직선거법 제16조 제1항 전문) 공무로 외국에 파견된 기간과 국내에 주소를 두고 일정 기간 외국에 체류한 기간은 국내 거주 기간으로 본다(같은 항 후문).

다만, 선거일 현재 다음 각 호의 어느 하나에 해당하는 자는 피선거권이 없다(같은 법 제18조 & 19조).

■금치산선고를 받은 자[6]

■선거범, 『정치자금법』 제45조(정치자금부정수수죄) 및 제49조
(선거비용관련 위반행위에 관한 벌칙)에 규정된 죄를 범한 자 또
는 대통령·국회의원·지방의회의원·지방자치단체의 장으로
서 그 재임중의 직무와 관련하여 『형법』(『특정범죄가중처벌 등에
관한 법률』 제2조에 의하여 가중처벌되는 경우를 포함한다) 제
129조(수뢰, 사전수뢰) 내지 제132조(알선수뢰)·『특정범죄가중
처벌 등에 관한 법률』 제3조(알선수재)에 규정된 죄를 범한 자로
서, 100만원 이상의 벌금형의 선고를 받고 그 형이 확정된 후 5
년 또는 형의 집행유예의 선고를 받고 그 형이 확정된 후 10년을
경과하지 아니하거나 징역형의 선고를 받고 그 집행을 받지 아니
하기로 확정된 후 또는 그 형의 집행이 종료되거나 면제된 후 10
년을 경과하지 아니한 자(형이 실효된 자도 포함한다.)

■금고 이상의 형의 선고를 받고 그 형이 실효되지 아니한 자

■법원의 판결 또는 다른 법률에 의하여 피선거권이 정지되거나 상
실된 자

■국회 회의 방해죄(국회법 제166조)의 죄를 범한 자로서 다음 각
목의 어느 하나에 해당하는 자(형이 실효된 자를 포함한다)

---

6) 금치산자. 자기행위의 결과를 합리적으로 판단할 의사능력이 없는 심신상실의 상
태에 있는 자.

■ 500만원 이상의 벌금형의 선고를 받고 그 형이 확정된 후 5년이 경과되지 아니한 자

■ 형의 집행유예의 선고를 받고 그 형이 확정된 후 10년이 경과되지 아니한 자

■ 징역형의 선고를 받고 그 집행을 받지 아니하기로 확정된 후 또는 그 형의 집행이 종료되거나 면제된 후 10년이 경과되지 아니한 자

■ 공직선거법 제230조 제6항의 죄를 범한 자로서 벌금형의 선고를 받고 그 형이 확정된 후 10년을 경과하지 아니한 자(형이 실효된 자도 포함한다)

※ 정당의 명칭 또는 후보자(후보자가 되려는 사람을 포함한다)의 성명을 나타내거나 그 명칭·성명을 유추할 수 있는 내용으로 투표 참여를 권유하는 행위를 하게 하고 그 대가로 금품, 그 밖에 이익의 제공 또는 그 제공의 의사표시를 하거나 그 제공을 약속한 자.

내용이 법률을 그대로 옮긴 거라 어렵게 느껴질 수 있지만, 대충 요약을 하면 심각한 범죄를 저지른 경우특히 비리 관련가 아니면 혹은 그런 범죄를 저지르고 일정 시간이 지난 40세 이상의 대한민국 국민은 누구나 대통령에 출마할 수 있다는 것이다. 참고로 대통령 선거 후보자 등록

을 신청하는 자는 등록 신청 시에 3억 원의 기탁금[7]을 납부 하여야 한다공직선거법 제56조 제1항 제1호. 또한, 정당의 당원은 소속 정당에서 공천을 받아야 하고, 무소속 후보자는 일정 수 이상의 선거권자의 추천을 받아야 한다.[8]

종합해보면 심각한 하자가 없는 40세 이상의 대한민국 국민은 누구나 후보자 추천 요건을 충족하면 3억 원의 기탁금을 내고 대통령에 출마할 수 있다.

"도덕적으로나 법적으로 좀 흠결이 없는 사람이 대통령의 자격이 있지 않은가? 사실 대한민국 국민은 평범한 국민이면 누구나 대통령으로 출마할 자격은 있다고 봅니다."

<대한민국 대통령 中>

---

7) 기탁금. 선거(대통령선거, 국회의원선거, 지방선거)에 출마한 후보가 후보 등록할 때, 관할 선거관리위원회에 일정한 액수의 금액을 기탁한 후, 당선 여부 및 득표율에 따라 전부 혹은 일부 금액을 반환하거나 국고로 귀속하는 제도이다. 후보자가 당선되거나 사망한 경우와 유효투표총수의 15% 이상을 득표한 경우 전액을 환급 받고, 후보자가 유효투표총수의 10% 이상 15% 미만을 득표한 경우 기탁금의 50%를 환급 받게 된다. 환급되지 않은 기탁금은 국고에 귀속된다. 선거에서 각 후보 및 정당들의 무분별한 출마를 방지하기 위해 만들어진 제도지만 소수정당과 저소득층의 출마를 가로막는 차별이라는 비판도 존재한다.

8) 무소속 후보자는 5개 이상의 광역자치단체에서 각각 700~1,200명의(총 3,500~6,000명) 추천을 받아야 한다(공직선거법 제48조 제2항 1호).

그렇다면 이런 자격조건을 갖춘 대한민국 국민 중에서 어떤 사람이 대통령이 되어야 한다고 사람들은 생각할까? 이번 챕터에서는 다양한 시각을 최대한 많이 보여줄 수 있도록 중간 해설 없이 시민 인터뷰의 내용과 함께 열거하는 형식으로 다루어보았다. 앞서 〈대통령의 역할〉 부분에 포괄적으로 자질을 설명하거나 다른 부분에서 다루는 것이 좋다고 여겨진 분들의 이야기는 포함되지 않았다.

갈등 조정능력

- **조전혁 전 국회의원**

대통령이 어떤 존재인지 느껴지지 않도록 하는 생각이 들게 대통령이 좋은 대통령이다. 대통령이 어떤 사회의 쟁점이 되고, 뉴스에 항상 나오는 나라는 결코 좋은 나라라고 생각하지 않는다. 대통령이 사회갈등의 중심이 되어서는 안 된다. 물처럼, 공기처럼 국민의 의식에 와닿지 않는다고 하더라도 그 나라가 돌아가게끔 하는 능력과 태도가 중요하다.

"바른 사람이었으면 좋겠습니다. 부패하지 않은 사람. 욕심 없는. 그리고, 참 어려운데 중립적인 사람."

<대한민국 대통령 中>

도덕성 / 철학 / 능력

• 이재오 전 국회의원

도덕성이 가장 중요하다. 타인의 모범이 될 수 있어야 한다. 많은 사람이 대통령을 본보기로 삼기 때문에 "살아온 이력이 국민에게 모범이 될 수 있어야" 한다. 두 번째는 나라를 어떻게 발전시키겠다고 하는 "확실한 신념과 철학이 있어야" 한다. 그리고 세 번째는 "인간적이어야" 한다. 너무 권위주의와 관료주의에 깊이 물들지 않아야 한다.

• 국민의당 안철수 대통령 후보

첫째는 도덕성이다. 도덕성이 있어야 그다음에 발휘되는 능력이 올바른 데에 쓰일 수 있다. 도덕성이 없는데 일을 잘하는 것은 정말 위험하다. 큰 권력을 가지게 되면서 그 능력을 자신과 자기편을 위해서 쓰면 수많은 다른 국민이 힘들어지기 마련이다. 두 번째로 문제 해결 능력이다. 정확한 사실에 기반해서 과학적인 사고방식으로 문제를 해결하는 능력이 중요하다. 세 번째로는 전 세계의 흐름을 제대로 파악하는 능력이다. 남들보다 조금이라도 앞서 미리 준비할 수 있어야 국가를 발전시킬 수가 있는 법이다.

> "잘못 뽑는다는 것은, 그걸 수행할 능력이 없는 사람을 뽑았을 때라고 생각하기 때문에 해야 할 일을 못 하거나, 자격이 없는 사람한테 일이 맡겨지는 그런 일이 발생할 것 같습니다."

<대한민국 대통령 中>

• 강원국 작가

말하고 글 쓰는 능력이 출중해야 한다. 만약 그런 능력이 없으면 그 자리를 누군가가 꿰차고 들어온다. 그러면 그 사람이 대통령이 되는 것이다. 그리고 낙관주의자여야 한다. 매사를 부정적으로 혹은 비관적으로 보면 될 일도 안 된다. 늘 자신감을 가지고 희망을 이야기해야 한다. 현실이 부족하고 어렵더라도 본인이 기대하고 바라는 희망을 현실화하기 위해서 노력하는 사람이어야 한다. 그래야 유연한 대처도 가능하다. 중요하지 않아 보이지만, 매우 중요하다. 또 감정을 절제할 수 있어야 한다. 대통령이 흔들리면 대한민국은 더 크게 흔들린다.

"일단 국민에게 피해를 주지 않는 사람. 불안감은 주지 않는 사람이

되었으면 좋겠다고 생각해요."

<대한민국 대통령 中>

• 서민 교수

대통령으로 나오는 사람들은 일단 정치판에 오래 몸을 담았거나, 어떤 특정한 조직의 선택으로 유명해진 사람들이다. 그런데 이런 분들에게 완벽한 도덕성을 기대할 수는 없다. 뒤져보면 누구나 흠결이 있다. 우리가 도덕군자를 뽑는 것이 아니기에 아주 큰 흠결이 없다면 그것은 좀 달리 봐줘야 하는 부분이 있다. 우리 국민의 평균보다 악_惡하지 않으면 되지 않나 싶다.

자수성가했다거나 서민으로 살아봤다는 것도 필요하다고 생각지 않는다. 예를 들어, 자본주의와 시장경제를 절대적으로 지킨다는 원칙 정도만 있으면 충분하다고 생각한다. 그런 원칙만 있으면 거기에 맞는 사람들을 갖다 쓰고, 정책적 결정을 할 때도 다른 사람이 해온 것일지라도 원칙에만 맞으면 충분히 갖다 쓸 수 있다. 현 정부도 원칙이 없으니까 대북정책에 대해서도 앞뒤가 안 맞고, 문제가 생기면 변명하기 급급하지 않나? 누구든 잘못해서 사과할 것이 있으면 사과하

고, 지금을 모면하려고 변명하려 들지 않아야 한다.

원칙 없이 정치하다 보니 청와대 대변인이 오히려 극한 직업이다. 대통령의 행동을 변명하기 위해 머리를 짜내야 한다. 자기 자신도 믿지 않는 거짓말로 국민을 대하는 것이다. 확고한 원칙에 따라서 떳떳할 수 있는 사람이 대통령이 되어야 한다.

"한결같았으면 좋겠어요. 사람이 어쨌든 간에 감투가 씌워지고 자리가 바뀜으로써 사람이 변하는 게 보이잖아요? 지칠 수도 있고 그렇긴 한데 최대한 그 사람이 하고자 하는 것, 그리고 국민이 다 같은 마음은 아니지만 그래도 과반수가 바라는 마음은 같이 함께 가졌으면 하는 마음이 제일 큽니다."

<대한민국 대통령 中>

학습능력

- **더불어민주당 김민석 국회의원**

해외의 톱Top들을 상대하기 위해 우선 필요한 것 중의 하나는 한국 역사에 대한 이해다. 대통령이 국제무대에 나가서 미국, 일본, 중국, 러시아, 북한의 최고지도자들과 만날 때, 말 한마디를 하더라도 역사와 연관 지어 풀어내는 정도의 깊이와 품격이 있어야 한다. 가령, 미국 대통령을 만나면 그들에겐 미국 헌법이 최고니까 미국 헌법을 이해하면서 그것을 우리의 전통과 엮어 양국의 문제를 이렇게 풀어가야 하지 않겠냐고 제안하고, 중국은 시와 문학이 최고이니 그것을 우리의 문학적 관점과 역사에 기초해 동북공정과 같은 직접적인 단어의 사용 없이도 우리를 만만히 볼 수 없게 만드는 능력과 감각이 있어야 한다. 따라서 각 나라의 역사에 대한 이해와 이를 국제화한 언어로 풀어낼 수 있는 능력이 필수적이고, 이는 우리나라의 국제적 위상이 높아짐에 따라 더욱 중요해지고 있다.

또 한 가지 알아야 하는 것은 대통령은 임기 중에 진화해야 하고 할 수밖에 없다는 점이다. 즉, 고속성장을 한다는 의미다. 전 세계 그 어떤 대통령도 대통령직을 수행할 완전한 준비와 경험을 갖추고 되는 사람은 없다. 누구도 대통령을 안 해봤는데, 무슨 준비가 되어있겠는가? '준비된 대통령'은 그냥 선거구호일 뿐이다. 누구보다 많은 정보를 알게 되고, 누구보다 많은 사람으로부터 이야기를 들을 수 있게 되고, 누구보다 많은 권한을 행사할 수 있게 되기 때문에 아주 빨리 고속성장하게 되어있다. 이를 소화할 수 있는 빠른 학습 능력이 필요하다. 단, 이러한 학습능력은 시대의 방향과 반드시 맞아야 한다.

"역사를 옳고 바르게 알고 있어서 두려워할 줄 알고, 그러면서도 그 역사 앞에 당당할 수 있는 사람이 대통령의 자격이 있다고 생각합니다."

<대한민국 대통령 中>

• <펜앤드마이크> 정규재 주필

한국 사람들은 대통령이 신神이 되기를 원한다. 신처럼 모든 국민을 자비롭게 안아주고, 국정을 운영할 때는 거의 모든 일에 천재적인 재능을 가지고 있기를 원한다. 역대 미국 대통령들의 아이큐를 조사해놓은 논문이 있는데, 우리가 깜짝 놀랄 정도로 미국 대통령들은 머리가 좋다. 컴퓨터로 따지면 핑핑 돌아가는 초고성능 급의 컴퓨터인 셈이다. 미국 대통령이 가지고 있는 다루어야 하는 업무의 양, 미국 대통령이 답을 해야 하는 질문의 가짓수를 한번 생각해보라. 요구되는 지식의 양이 어마어마하다. 그러니까 미국 대통령은 당연히 머리가 좋아야 할 것이다.

그런데 지구상의 어떤 대통령이 맞닥뜨리는 문제보다 한

국 대통령이 맞닥뜨리는 문제가 훨씬 복잡하고 다양하다. 4
대 강국에 둘러싸여 있고, 전 세계 200개가 넘는 국가와 무
역 거래를 하고 있으며, 최단기간 내 근대화와 민주화를 이
룬 나라이기 때문에, 한국 내부에도 어마어마한 문제들이 폭
발한다. 그러니까 우리가 '누가 대통령이 되어야 하겠는가?'
라고 얘기할 때 누구보다 똑똑한 분이 되었으면 좋겠다.

공적 책임감

· 정의당 류호정 국회의원

책임감이 가장 중요하다. 국정운영 전반에 대해서는 당연
히 책임감을 느껴야 하고, 무언가 일이 잘되지 않는 순간에
도, 주변인들의 잘못 혹은 진영 밖에서 벌어진 일이라 할지
라도 책임을 지는, 무한책임을 지는 그런 자세가 필요하다.
보통 이런 걸 공적 마인드라고 하는 것 같다.

> "개인적인 욕심인데, 그전에는 어떤지 모르겠지만, 대통령이 되고
> 나서부터는 내 개인적인, 내 주변 사람들 이런 사람들에 대한 욕심
> 을 굉장히 자제할 수 있는 사람이어야 될 것 같아요."
>
> <대한민국 대통령 中>

• 국민의당 권은희 국회의원

정치에 있어 공익을 추구한다는 것이 가장 중요한 덕목이다. 대통령은 이를 사명으로, 소명으로, 신념으로 여기는 사람이어야 한다. 이를 표와 맞바꾸는 정치꾼의 모습은 없어야할 것이고, 공익을 추구하는 모습 또한, 선거기간에만 국민 앞에 보이는 것이 아니라, 자기 삶의 궤적 전반에서 그러한 삶을 살아온 사람이어야 한다.

• 정의당 심상정 대통령 후보

시대와 소명에 따라 달라질 수 있겠지만, 공적 권력의지가 중요하다. 스스로 시민을 대표하는 공무원이라 생각하고 또 책임지는 자리라는 생각을 하는 것이다. 또한, 통찰력이 있어야 한다. 그리고 그 시대 정신을 현실 속에서 더 좋은 삶으로 바꿔내는 실용주의적 능력을 갖추는 게 필요하다. 시대정신은 당대 시민들의 열망이 집약된 것이다. 대통령의 통찰력은 시민들과의 소통과정 속에서 시민의 열망이 무엇인가를 파악해내는 능력이다.

민주주의에 대한 신념

• <새날> '푸른나무' 권현문 대표

  세상을 보는 눈이 중요하다. 국가를 검찰식으로 운영할 수도 없고, 기재부식으로 운영할 수도 없다. 그렇다고 정말 일반 서민들을 위해서만 운영할 수도 없다. 그 사이에서 균형감각을 찾는 게 중요하다. 민주당 지지층들의 일부가 문재인 대통령을 비판하면서 왜 재벌에게 특혜를 주느냐고도 하는데, 이러한 비판도 당연하다. 그런 비판을 받으면서도 나라의 균형감각을 찾는 것이 중요하다.

  민주주의를 위해서 기득권을 해체하는 것도 중요하다. 기득권의 해체라는 것이 무소불위의 권력을 두테르테처럼 휘두르라는 것이 아니라, 기득권이 공고화되지 않게 법제화를 시키자는 것이다. 기득권의 완전한 해체는 불가능하겠지만, 기득권의 독점력을 조금만 해체 시킨다면 국민이 조금 더 벌 수 있다는 시각을 가질 수 있어야 한다.

  마지막으로, 미래를 위해 투자할 수 있어야 한다. 대통령의 정책이 자신의 임기 내에 쓰일 거로 생각하면 안 된다. 진보, 보수를 떠나 미래를 위해 투자할 수 있어야 한다. 정권이 바뀌더라도 대한민국은 더 진보해야 한다는 관점이 중요하다.

"이제 앞으로 될 대통령에게 하고 싶은 말이 있습니다. 좀 강한 어조로 얘기해서 죄송하지만, 국민을 버리는 대통령이 되어서는 안 된다고 생각합니다. 버린다는 것은 한쪽 말만 듣고 한쪽으로 치우친 정책만 내어서는 절대 안 된다고 생각합니다."

<대한민국 대통령 中>

• 더불어민주당 박용진 국회의원

정치지도자는 지혜와 용기를 가지고 참 모진 역할을 해야 할 때가 많다. 김대중 대통령은 대통령 취임식장에서도 그렇고, 첫 번째 국민과의 대화에서도 울었다. 국민에게 IMF로 인한 고통을 안겨드려 너무 죄송하다고 이야기했다. 그러면서 이런 국난을 극복하기 위해 국민이 고통을 분담해서 어떻게 해야 한다는 것을 제시하고 솔직하게 설득했다.

넬슨 만델라 대통령은 200만 명이 죽을지 모른다고 하는 내전을 막기 위해 백인 정권하고 타협을 했다. 만델라가 직접 조직한 '민족의 창'이라는 무장조직은 흑인 사회에 엄청난 고통과 죽음을 안겨준 백인들에게 복수하겠다며 나섰고, 백인 우익들도 군을 조직했다. 그 와중에 또 한 명의 흑인 지도자가 암살당해 요하네스버그 주 경기장에서 열린 장례식장에서 복수를 연호하는 수십만의 지지자들 앞에서 만델라는 "저들이 원하는 것이 우리의 분노"라고 말을 했다. 가슴이 찢어지지만, 피를 부르는 전쟁은 하지 말아야 한다고 말한 것이다. 그렇게 하면 우리가 지는 거라고. 요즘 같았으면 문자폭탄을 수백만 개를 받았을 것이다. 자신을 지지하는 사람들이 눈앞에서 등을 돌리더라도 신념을 굽히지 않는 용기가 필요하다. 지금의 박수와 지금의 표를 받으려 국가와 공동체의 미래를 생각지 않고, 내 임기만 채우면 된다는 생각은 무척 위험하다. 그래서 대통령은 공동체를 위해 참아야 하고, 굴욕도 견뎌야 한다.

"They have a responsibility to the entire country and the people of that country to make the right decision even if it's harmful to them, personally or whatever it may be, politically. So I would just say I hope the next president is somebody who takes that responsibility to the entire country very seriously and does their best to help grow Korea in to a greater country. It's already a great country but it can be even greater country." (그들은 국가 전체와 그 나라 국민을 위해 옳은 결정을 내릴 책임이 있다. 그것이 자신에게 해가 된다고 하더라도 말이다. 개인적으로든, 정치적으로

든, 뭐든지 간에. 따라서 다음 대통령은 국가 전체에 대한 책임을 매우 진중하게 여기고 대한민국이 더욱 위대한 국가가 될 수 있도록 최선을 다하는 사람이었으면 좋겠다. 대한민국은 이미 위대한 나라이지만, 더 위대한 나라가 될 수 있다.)

<대한민국 대통령 中>

· 더불어민주당 신정현 경기도의원

대통령의 가장 큰 역할은 결국 국민을 통합하면서 우리가 앞으로 나아가야 할 길을 반 박자만 앞서서 비전을 끊임없이 제시해주는 역할이다. 그 때문에 정치의 일반적인 영역과 다른 공간에 있는 사람이다. 인기를 통해서 51%로 당선될 수는 있다. 그것이 민주주의의 원리이기 때문이다. 하지만, 그렇다고 51%만을 위한 정치를 해서는 안 된다. 나를 뽑지 않은 49%의 목소리도 품고 통합할 수 있도록 끊임없이 노력해야 한다. 나를 뽑아준 사람들이 두 걸음 나아가라 하더라도 나를 뽑아주지 않은 사람들과 함께 갈 수 있도록 반 발짝만 앞으로 나아가며 꾸준한 설득작업을 진행해야 한다. 그 과정에서 나오는 양쪽의 비판이나 비난도 기꺼이 감내할 용기가 필요하다.

그러한 용기는 민주주의에 대한 신념에서 나온다. 이 나라의 주인이 국민이고, 모든 권력은 국민에게서 나온다는 것. 여기서 시작해 법과 절차와 과정을 신념처럼 지키는 사람이어야 한다. 내가 권력이 있다고 해서 법의 테두리 바깥에서 이 권력을 활용하여 내가 지지했던 누군가의 그 어떤 기대를 충족시킬 수도 있을 것이다. 하지만 그렇게 해서 훼손시킨 민주주의의 가치는 70년간 우리나라가 쌓아 올린 민주주의의 모든 울타리를 다 무너뜨릴 수 있다. 그래서 대통령은 이 민주주의의 가치를 생명처럼 소중하게 생각하는 사람이 되어야 한다.

희생정신

· **송기인 신부**

　자기희생적인 사람이 되어야 한다. 어려움이 왔을 때 남을 희생시키지 않는, 그리고 남이 고통을 겪고 있을 때 대신 피를 흘려 고통에서 헤어나올 수 있게 해주는 덕목이 필요하다. 자신의 희생을 기꺼이 받아들이고 다른 사람의 희생이 희생으로 남지 않도록 하는 것. 그런 걸 수도사의 덕목이라 할 수 있는데, 대통령은 수도사 이상의 노력이 필요하다.

- **<서울의 소리> 백은종 대표**

희생을 전제로 봉사하는 대통령이 필요하다. 그리고 부정한 것에 대해 응징하는 자세도 필요하다.

"나는 종교도 없긴 하지만, 진짜 살신성인하는 그런 마음을 가진 사람이 대통령이 돼야 해요. 이거는 진짜 요새 사람들이 얘기 들으면, 저 케케묵은 얘기를 한다고 그러는데 그렇지 않거든요. 진짜 살신성인해야지 대통령의 자격이 있는 거예요."

<대한민국 대통령 中>

이렇듯 우리가 대통령의 자질이라고 여기는 것들은 무궁무진했다. 개인의 취향이 다 다르듯 모두가 대통령에게 기대하는 모습도 다른 것도 있지만, 우리가 대통령이라는 사람에게 갖는 기대가 그만큼 크다는 사실도 어느 정도 확인할 수 있었다. 이걸 종합해보면 너무나도 위대한 사람이겠다 싶으면서도 그건 마치 슈퍼히어로가 나타나기를 바라는 마음이 아닐까 하는 회의감도 드는 것 또한, 사실이다.

그렇다면 반대로 대통령으로서 가장 위험한 자질이 있다면 무엇일까?

거짓말

· 이재오 전 국회의원

후보 중에도 거짓말하는 후보가 있다. 잘못했으면 잘못했다고 솔직하게 얘기를 해야 한다. 결재할 때는 그런 건지 모르고 결재했는데, 결과적으로 내가 결재했기 때문에 잘못이 진행되었다면 솔직하게 얘기하고 사과하면 된다. 국민도 그걸 보고 '모르고 할 수도 있겠다'라고 생각하는데, 자꾸 거짓말로 덮고, 축소하고, 왜곡하면 국민의 불신은 커진다. 더구나 한 나라의 정권을 이끄는 대통령이 국민의 신뢰를 잃으면 안 되는 것이다.

"한 나라에 대해서 최소한 국민을 속이지 않았으면 좋겠다고 생각이 들어요.."

<대한민국 대통령 中>

독선과 고집

· 정의당 류호정 국회의원

대통령도 사람이기 때문에 자신의 경험을 통해서 철학을

갖게 된다. 그러다 보니 어떤 일이 잘되지 않았을 때, 순간의 고집을 부리게 되고, 귀를 닫게 된다면 국정 운영에 중대한 차질을 빚는 결과를 낳을 수 있다.

시대역행

· 더불어민주당 김민석 국회의원

정치인이나 최고지도자는 성인군자가 아니다. 부처님처럼 일상에서 선량한 사람이 정치의 장에 정치를 이해하고 풀어낼 역량이 없으면 그 모든 자질은 반대로 작용한다. 시대의 흐름에 맞지 않는 사람은 아무리 양순하고, 선량하고, 좋은 이웃집 아저씨도 국민들에게 민폐가 된다.

국가의 존재 이유에 대한 이해 부족

· <새날> 푸른나무 권현문 대표

국가가 존재 이유는 약자 기준으로 바라봐야 한다. 국가와 법은 약자를 위해 존재하는 것이다. 법이 없이도 가진 사람들은 잘 산다. 국가의 존재 이유는 약자를 법으로 다스리라는 것이 아니라 법이라는 테두리 안에서 그들을 지키라는 것이다. 이걸 반대로 해석해서 약자들이 엘리트에게 대들지 말도록 해야 한다고 생각하는 인물은 위험하다.

본 챕터에서 다루지 않은 내용 중 모두가 공통적으로 이야기한 것은 크게 두 가지였다.

첫째, 전임 대통령들의 공은 계승하되 과는 개선하려고 하는 태도가 필요하다는 것이다. 이는 앞선 챕터에서도 복수의 정치에 대한 문제 인식으로 다루어졌었고, 이번 챕터의 '민주주의에 대한 신념'과도 상통하는 내용이다. 결국, 국민통합과 갈등의 조정이라는 대통령의 역할에 대한 공감대가 있는 것으로 풀이된다.

"박정희 대통령이 잘한 점이 있고, 전두환 대통령이 잘한 점이 있고, 뭐 예를 들어 김대중 대통령이 잘한 부분이 있으면, 잘한 부분만을 딱 조합해서 그러한 대통령을 만들어내는 것이 좋다고 생각합니다."

<대한민국 대통령 中>

둘째는 '시대정신'을 받들어야 한다는 것이다. 인터뷰를 진행하면서 가장 많이 등장한 단어 중 하나이기도 하

다. 대한민국 대통령은 당대의 시대정신을 드러낸다는 의견도 있었고, 시대정신을 받들어야 한다는 의견도 있었고, 시대정신을 파악하는 능력이 있어야 한다는 의견도 있었다. 그리고 시대정신이란 과연 무엇인가에 대해서도 의견이 달랐다.

그렇다면 이 '시대정신'이라는 것이 무엇인지 더 들여다보자.

※ 여기서 잠깐

전우용 교수가 강연형식으로 이야기한 대통령이 가져야할 덕목을 따로 요약해서 정리해보았다.

1. '자기 시대'를 만들겠다고 하는 의지가 있는 사람이어야 한다. 자기 시대란, 이전 시대와 어떻게 다른 시대인가에 대한 전망을 제시하고 그 전망에 대한 동의를 얻을 수 있는 사람이 만드는 것이다. 그러려면 '역사의식'이 있어야 한다. 역사를 알아야 한다. 그래서 어떤 것을 반복하면 안 되고, 어떤 것을 계승해야 하는지를 뚜렷이 알 수 있는 사람 즉, 시대 의식이 있는 사람이어야 한다. 역사를 보면 무능한 왕들은 모두 선대가 한 것을 하나도 바꾸지 않겠다고 하는 왕들이었다. 그러면 아무것도 하지 못한다. 역사의식에 대해서, 역사적 과제에 대해 자기가 해결해야 할 핵심과제에 대해서 전망을 제대로 세워 국민의 동의를 얻어야겠다고 하는 절실함이 있어야 한다.

2. 박학다식해야 한다. 많이 알아야 한다. 대통령 주변에는 지식인을 자처하는 사람들이 몰려들게 되어 있다. 그리고 저마다 자신의 논리로 이것이 진실이고, 이것이 유일한

올바른 길이라고 주장하게 되어있다. 정책 결정을 하면서 모두가 자신이 옳다고 주장할 때, 무식하면 자신이 잘 모르는 대목에 있어서 사기꾼의 손을 들어줄 수 있다. 그런 일들은 늘 있었다. 그렇다고 모든 것을 전문가 수준으로 알 필요는 없지만, 적어도 사기꾼은 구분할 줄 아는 식견은 있어야 한다. 그게 없으면 국민을 상대로 정말 황당한 사기를 치게 된다.

3. 부지런해야 한다. 하나 마나 하는 얘기 같지만, 중요하다. 생활 습관을 잘 갖추어야 한다. 세월호 7시간 같은 이야기가 나와서는 안 된다. 대통령이 있는 공간이 다 업무공간이기 때문에 출근하지 않아도 된다고 당시 비서실장이 이야기했는데, 어불성설이다. 어떤 재난이 발생할지 모르는 상황에서 사람들이 찾아가서 보고해야 하고, 혹시나 자고 있는데 내가 귀하신 분을 깨울까 조심조심해야 하는 상황을 스스로 만드는 게으름을 피워서는 안 된다.

4. 신중해야 한다. 그러나 동시에 과단성이 있어야 한다. 수많은 정보가 올라온다. 하부단계에서 결정 못 하고 미룬 사건들이 장관에게 올라오고, 장관 선에서 결정 못 하는 것들이 대통령에게 올라오는데, 이런 수준의 사안들은 오

랜 고민이 필요한 사안들이다. 우리가 팬데믹을 처음 맞이했을 때 한쪽에서는 하루빨리 백신을 갖춰 놓아야 한다고 하고, 다른 한쪽에서는 다른 나라에서 쓰는 것을 먼저 보고 결정하자고 하고, 두 의견의 절충안도 올라오고 했다. 이런 건 복지부 장관이 결정할 수도 없고, 국무총리가 결정할 수도 없는 사안이다. 오랜 고민이 필요하기도 하지만, 이런 사안에 대해 책임질 각오를 하고 과단성 있게 결정해야 한다. 하지만, 이런 모습을 보여주기가 쉽지 않다. 신중함은 우유부단함으로 보이기 쉽고, 과단성은 경박함으로 보일 수 있기 때문이다. 그래서 우리 유권자는 대통령이 되고자 하는 사람이 살아온 삶 속에서 그가 내린 결정 속에서 그러한 모습을 보고 결정해야 한다.

5. 민주주의 국가원칙에 대한 신념이 있어야 한다. 민주주의는 일종의 철학이자 이념이다. 단순히 정치제도에 국한된 것이 아니다. '민民이 주인'이다. 높은 사람이나 엘리트, 귀족의 나라가 아니다. '절대다수를 점하는 힘없고, 가난하고 하루하루 사는 게 버겁고, 당장 내일이 걱정되고, 이런 사람들이 주인이다.'라는 철학을 갖고, 그런 사람들을 사랑하고, 그런 사람들과 함께 살아온 사람이어야 한다. 그래야 민주주의를 지킬 수 있다.

6. <u>동양적 개념으로 '덕德'이 있어야 한다.</u> 서양의 카리스마와는 다른 개념이다. '덕불고 팔유린德不孤 必有隣'이라는 말이 있다. 덕이 있으면 반드시 따르는 사람이 있음으로 외롭지 않다는 말이다. 자기 이익이 되지 않는 일에 시간을 쓰고, 자기가 손해를 보더라도 남을 돕는 일에 인색하지 않고, 우는 사람 붙잡고 같이 울어줄 줄 알았던 사람들이 덕이 있는 사람들이다.

07.
시대정신

우리는 어디로 가고 있는 걸까?

많은 사람이 대통령을 이야기할 때 '시대정신時代精神'을 이야기한다. 그렇다면 대체 시대정신이라는 것은 무엇일까?

사전적 정의로는 "한 시대의 문화적 소산에 공통되는 인간의 정신적 태도나 양식 또는 이념"[9]으로 정의가 내려져 있다. 하지만, 정치의 영역에서는 어떤 현상보다는 '시대의 요구' 정도로 정리해볼 수 있다. 대한민국은 빠르게 압축성장을 이룩했고, 성장을 이어가고 있는 나라인 만큼 시대의 요구도 빠르게 변화해왔다. 그렇다면 2022년 현

---

9) 출처 : 두산대백과

재 대한민국의 시대정신을 패널들은 어떻게 진단하고 있을까?

혁신주도 & 시대교체

• 국민의당 안철수 대통령 후보

지금의 시대정신은 '시대교체'이다. 지금까지 대한민국이 산업화 시대를 성공적으로 수행하고, 그다음 민주화 시대를 성공적으로 수행했지만, 선진국으로 나아가는 문턱에는 멈춰져 있다. 이는 정치권의 잘못이다. 80년대의 사고방식으로 국가를 운영하다 보니 문제 해결은 안 되고 갈등의 격차만 커지고 있다. 이것을 뛰어넘는 것이 필요하다. 시대가 바뀌려면 사회 전 분야가 바뀌어야 한다. 정치권은 물론이고, 산업계라든지, 사회 구조라든지, 문화라든지 가리지 않고 다변해야 한다.

이를 통해 과학기술 중심국가가 되어야 한다. 우리나라가 세계 제5대 경제 강국에 들어야 한다. 이는 실현 불가능한 것이 아니다. 기술에 있어서 1등과 2등의 격차가 크지 않을 때는 언제든지 뒤집힐 수 있지만 1등과 2등의 격차가 크게 벌어졌을 때 우리는 그것을 초격차라고 부른다. 그럴 때는 계속 우위를 점할 수 있다. 우리가 다섯 가지 분야에서 초격차 기술을 확보하면 당당하게 세계 5대 경제 강국에 들어갈 수 있다. 미국, 영국, 프랑스, 독일, 일본 중 한 국가만 제치면 되는 거다.

• 더불어민주당 박용진 국회의원

박정희 대통령은 경부고속도로라는 산업화의 고속도로를 깔았고, 김대중 대통령은 초고속 인터넷망이라는 정보화시대의 고속도로를 깔았다. 그렇다면 다음 대통령은 어떤 고속도로를 깔아야 하는가? 대한민국은 난생처음 선진국 소리를 듣는 나라가 되었다. 미국도 4차 산업혁명의 파트너로 일본이 아닌 대한민국을 선택했다. 야당하고 싸우는 국내정치에 매몰될 시간이 없다. 지금 대한민국은 정말 중요한 갈림길에 서 있다. 엣지Edge. 모서리에, 서 있는 것이다. 잘 가면 평탄하게 길게 갈 수 있고, 아차 잘못하면 모서리 끝으로 떨어져버리는 위기의 상황인 것이다.

미래 차, 2, 3차 전지, 바이오, 헬스 등의 산업을 선도하지 못하면 우리는 선진국으로의 진출이 어렵다. 이는 국제정세에도 엄청난 영향을 미친다. 오랜 기간, 일본은 미-일 동맹의

하위 파트너로 대한민국을 두려고 했다. 계속 미국에 '쟤네^대_{한민국}는 믿을 수 없다. 북한하고 더 친하다. 중국하고 내통한다.' 이런 식으로 얘기하는 것이다. 그렇게 해서 이인자가 되면 자위대가 해외파병도 하고, 전쟁을 할 수 있는 나라가 되는 것, 그것이 그들의 목표다. 지금 이것을 뒤집고 한반도 정세를 우리가 관리할 수 있는 절호의 기회가 왔다. 그런 면에서 우리는 완전히 다른 나라가 되기 위한 혁신의 고속도로를 깔아야 한다.

• 더불어민주당 김민석 국회의원

세계에 새로운 문명이 펼쳐짐에 있어서 그 관심의 중심이 대한민국으로 이동하고 있다. 다음 대통령의 임기 5년 동안 세계사의 역동적인 바람이 왔다 갔다 하면서 움직이는 주 무대가 한반도가 될 가능성이 크다. 이는 이미 현실이 되어있다. 우리의 문화산업이 세계적인 주목을 받는 것이 그 증거다. 과거 물리력에 기반한 제국의 시대에서 소프트파워를 중심으로 한 새로운 제국의 시대로 변화하고 있다. 바이오, 헬스, 전기차, 반도체 등등의 산업도 물론 중요하지만, 새로운 문화, 지식, 콘텐츠의 혁명이 우리의 잠재력을 폭발시킬 수 있다. 이런 혁명의 소용돌이를 이끌어갈 시대 감각을 가진 대통령이 누구냐를 국민이 정리해줘야 한다.

"사회적으로, 경제적으로 이 나라가 어떻게 발전될 수 있을지, 이런 것들을 너무 과장되지 않게 좀 보여줄 수 있는 사람이었으면 좋겠어요."

<대한민국 대통령 中>

대한민국이 선진국의 반열에 올랐고, 10대 경제 대국의 위치에 있으며, 4차 산업혁명 시대를 선도하는 국가로 도약해야 한다는 사실에 대해서 부정하는 국민은 많지 않을 것이다. 하지만, 시민 인터뷰에서 그것을 실감하고 있거나 우리가 선진국이 되어야 한다는 요구는 등장하지 않았다. 오히려 반대로 삶이 힘들다는 이야기가 주를 이루었다. 우리가 대통령에 관해 이야기할 때 국력과 외교 관계 등에 관해서는 이야기하지 않는 것도 한몫했을 것이다. 국가를 안전하고, 건강하고, 부강하게 존속할 수 있도록 하는 역할이 가장 중요함에도 우리 사회가 이 부분에 관한 관심이 너무 적은 것이 아닌가 하는 문제 인식도 존재한다. 그런데도 우리는 '내 삶의 문제를 해결해줄 사람'으로서의 대통령에 대한 기대가 크고, 그와 관련한 요구도 크다. 그것이 시대정신이라면 시대정신이다. 그중 가

장 큰 부분을 차지하는 것이 불평등의 해소, 공정사회 등에 대한 요구였다.

불평등의 해소

• 정의당 심상정 대통령 후보

경제지표뿐만 아니라 시민의 삶이 선진국인 나라가 되어야 한다. 경제지표로 대한민국은 명실상부한 선진국이다. 하지만 과연 시민의 삶도 선진국인가. OECD 지표 중 시민의 삶을 나타내는 지표를 나타내는 통계는 하나같이 최악이다. 자살률, 노인 빈곤율, 중대 재해 발생률, 남녀임금 격차, 출생률 등등 모두가 최악이다. 87년 민주화 이후, 34년 동안 산업화, 민주화 두 세력이 번갈아 집권했는데 이 통계는 변함이 없다. 우리 국민은 반드시 물어봐야 한다. 이렇게 사람 목숨이 가벼운 나라가 과연 선진국인가? 이렇게 차별과 불평등이 극심한 나라도 과연 제대로 된 민주국가인가? 이렇게 아이 낳아서 키우기 어려운 나라에도 미래는 있는가?

"대한민국 직장인들은 다 한 번은 느낄 거에요. 사는 게 너무 퍽퍽해요. '대한민국은 살기 좋은 나라야'라는 생각을 가질 수 있는 게 있으면 좋겠는데 사실 그런 부분들에 관한 이야기는 들어본 적이 별로 없는 것 같아요."

<대한민국 대통령 中>

· 더불어민주당 박주민 국회의원

빈부격차, 불평등이 굉장히 심각해지고 있고, 견고해지고 있다. 어렵고 힘든 분들이 위로 올라갈 기회가 사라지고 있다. 이 불평등의 문제를 해결하는 것이 굉장히 중요하다. 나라 전체가 발전하고 나라 전체의 사람들이 행복해지기 위해서 꼭 필요하다. 이는 힘들고 어려운 분들만을 위한 것이 아니다. 이 불평등의 문제를 해결하기 위해서 좋은 기회들을 만들고, 그 기회를 많이 나눠 갖게 하려면 산업도 바뀌어야 하고, 기존 시장의 시스템과 질서도 바뀌어야 하고, 교육도 바뀌어야 한다. 지방분권과 기업의 균형발전도 이루어져야 한다. 이렇게 내부의 불평등 문제를 해결하기 위해서는 동시에 나라의 경쟁력도 세워져야 한다.

· 정의당 류호정 국회의원

세습자본주의로 인한 불평등의 문제를 해결해야 한다. 하루하루가 너무 신명 나고 행복한 사회가 만약 실현 불가능한 유토피아라면, 적어도 사는 게 지긋지긋해 스스로 목숨을 끊는 사회가 되어서는 안 된다. 도와달라고 찾아오는 분들의 말씀을 들어보면 대단한 것을 바라며 오시지 않는다. 그냥 평범하게 벌어서 번 만큼 먹고 살고 싶다고 말씀하신다. 이런 일들이 발생하는 이유가 대한민국이 못 살아서가 아니다. 잘살고 있는데, 너무 적은 사람들이 그 부富를 독점하고 그 안에서만 순환시키고 있기 때문이다. 모두가 함께 만든 대한민국이다. 그러면 그 안에 사는 구성원들도 함께 행복하게 살 수 있어야 한다.

복지국가로 나아가야 하고, 불평등을 해소해야 한다는 의견에 대한 반대의견도 존재한다. 국가가 국민에게 '퍼주기'를 해서 국가재정이 파탄 나는 상황이 발생할 수 있다는 것에 대한 우려다.

복지국가에 대한 우려

• <펜앤드마이크> 정규재 주필

현대사회는 복지국가의 궤도에 있다. 복지국가라는 것은 굉장히 슬픈 배경을 갖고 있다. 전쟁 국가에서 비롯된 것이다. 참전해야 하는 국민에게 먹이는 일종의 뇌물이었다. 전쟁이 없는 상태에서는 국민을 전쟁으로 몰고 가지 않는 자유국가가 되어야 하고, 자유국가의 기본 요소는 국가권력의 제한이다. 국가권력이 작아야한다. 우리가 경찰이나 공무원의 어떤 신호에 긴장하고 놀라게 된다면 그것은 좋은 국가가 아니다. 좋은 국가는 작게 통치하는 국가, 자유국가다. 하지만, 현대 국가들은 복지국가라는 이름으로 많이 통치하려는 충동을 갖는다. 현실에서 제기되는 요구조건에 계속 응하다 보면 점점 커지게 된다. 국가권력이 줄어들고, 국민 각자가 독립적이고 자유로운 개인이라는 의식이 분명하고 개인으로서의 프라이드를 느끼며 국가에 의존하는 자유 시민이 많아져야 한다. 또한, 국가로부터 무언가 보조를 받아야 삶을 영위할 수 있는 국민의 숫자가 줄고, 시장에서 소득을 올리는 국민의 숫자가 늘어나야 한다.

이는 국민이 끌고 가는 측면도 있다. 재정 건전성도 유지해야 하고, 국가부채도 관리해야 하는데, 국가의 장기적인 살림살이를 위해서 끊어낼 것은 끊어내야 한다. 하지만, 현금복지 같은 것들은 끊기 어려울 것이다. 누가 집권하든 마찬가지로 이러한 위기가 닥칠 것은 예정되어 있다. 좌파정권이 들어서든, 우파정권이 들어서든 국민에 만연해있는 복지에 대한 충동을 통제하기 어려울 것이다. 우리는 스웨덴이 아닌 그리스와 가까워지고 있다. 국가 부도를 맞이해 연금을 받지 못하는 사태가 벌어질 수 있다는 것이다. 결국, 누가 정권을 잡는지가 중요한 것이 아니다. 지금과 같은 구조로는 앞으로의 10년은 계속 나빠지기만 할 것이다.

· **서민 교수**

우리는 베네수엘라처럼 될 것인가의 갈림길에 서 있다. 국가재정이 파탄 나고 있는데, 대통령 한 명이 나라를 통째로 말아먹을 수 있다. 이러다가는 건강보험의 혜택도 못 받고, 연금도 위험하다. 미래세대는 더 절박하다.

"물론 저소득층 복지도 많고 정책도 준비돼 있지만, 그렇게 이렇게 혜택을 받는 사람들은 사실은 대다수는 아닌 거예요."

<대한민국 대통령 中>

시대정신을 이야기할 때 선진국 진입, 공정한 사회, 빈부격차 해소 등을 큰 국가 비전으로 이야기할 수도 있지만, 시민의 요구라는 측면에서 바라보면 비교적 세세한

이야기를 들을 수 있었다. '다음 대통령이 제일 먼저 해결해야 하는 것이 무엇인가?' 혹은 '다음 대통령이 해야 할 일이 무엇인가?'라는 질문에 다양한 답을 들을 수 있었다. 이는 2022년 대선에서 쟁점이 되는 사안이 무엇이 될 것인지와 상통하는 측면이 있다.

부동산 문제 & 고용문제

• 더불어민주당 김민석 국회의원

이번 선거는 부동산이라는 고지를 넘어서 새로운 세상이라는 평야를 잘 보여주느냐, 아니냐에서 승부가 날 것이다. 부동산이라는 고지는 원하든 원치 않든 여야가 피할 수 없다. 부동산을 빼놓고 새로운 세상을 아무리 멋있게 그려도 국민에게는 그리 와닿지 않을 것이다. 후보자 개인의 자질이나 덕목, 능력 이런 것들이 여든 야든 중요하게 작용하겠지만 더 중요한 결정요인은 결국 부동산이다.

• 조전혁 전 국회의원

고용문제 해결이 가장 시급하다. 대한민국의 꺼져가는 성장동력, 곧 잠재성장률을 높일 방안을 찾아야 한다. 그러기 위해서는 탈원전 정책도 재검토 해봐야 한다. 데이터를 기반으로 하는 4차 산업혁명 시대에서 저렴한 가격에 안정적으로 전기를 공급하는 것은 필수적이다. 대한민국이 지속해서 안정적인 성장을 하기 위해 잠재성장률을 끌어올리려면 이런 기반산업을 탄탄히 해서 일자리가 공급될 수 있도록 해야 한다.

> "청년 취업률도 엄청 낮고, 아무리 대학을 좋은 데를 가도 아무리 좋은 곳에 취직한다는 보장도 없으니까."

<대한민국 대통령 中>

• 정의당 류호정 국회의원

평범한 시민들의 평범한 삶을 가로막는 가장 큰 문제가 양질의 일자리와 안정적 주거환경이 갖춰지지 못하고 있기 때문이다. 국가 전체적으로 보면 주택 공급은 충분히 이루어졌다고 하는데, 굉장히 소수의 사람이 너무 많은 집을 가지고 있다. 그러다 보니 내가 태어났다는 이유만으로 보장되어야 할, 내 한 몸 뉠 공간이 없는 사람들이 너무 많은 것이다. 지금은 내 수입의 30% 이상을 월세에 쓰고, 집값 이자로 쓰고 그래도 그게 내 집도 아니다. 기본적으로 갖춰져야 할 것들이 갖춰지지 않다 보니 내 삶의 다음 단계들이 지연된다.

일자리 문제도 심각하다. 비정규직이 정규직이 된다고 하면 주변에서 눈을 흘긴다. 다른 시민이 행복해지는 것에 대해서 눈을 흘기는 세상인 것이다. 이는 그만큼 양질의 일자리가 부족하다는 것에서 발생하는 문제다.

"저는 집값 문제를 말씀드리고 싶어요. 월세만 해도 이제 대구랑 너무 많이 차이가 나는 거예요. 그렇기 때문에 저는 부모님 손을 빌리는데, 그것도 되게 죄송스럽게 느껴야 하고. 그런데 제가 잘못해서 서울에 온 게 아니잖아요. 오히려 자랑스럽게 온 건데도 가족들에게 부담을 안겨주고, 또, 제가 여기서 졸업을 한다고 하더라도 현실적으로 제가 서울에서 집 하나 구할 수 있을까요?"

<대한민국 대통령 中>

포스트 코로나 & 자영업의 문제

· <새날> 푸른나무

다음 대통령은 3월에 당선되고 5월에 취임한다. 우리가 포스트 코로나 시대를 어떻게 맞이할 것인가에 대한 부분이 많이 망가져 있다. 자영업 폐업도 너무 많이 발생했다. 이 사람들이 갈 곳이 없다. 국가가 나서서 이 사람들의 직업을 바꿔주어야 한다. 이는 산업구조 개편을 통해서 이뤄져야 한다. 대한민국의 산업구조는 원래도 엉망이었다. 선진국보다 자영업자 비율이 10% 이상 높다 보니 조금만 경기가 어려우면 체감경기가 더 떨어질 수밖에 없다. 지금이 그걸 바꿔 낼수 있는 절호의 기회다.

"자영업자의 처지에서는 사실은 그... 돈이 필요한 게 아니라 먹고 살 수 있는 그런 여건이 필요한 거거든요."

<대한민국 대통령 中>

연금개혁

• 더불어민주당 신정현 경기도의원

국민연금이 당장 중요해 보이지 않을 수 있지만 지금 65세 이상 되는 분들에게는 생존의 문제다. 일자리가 사라지고 있는 미래 세대에게도 매우 중요한 문제다. 지금의 젊은 세대는 현재의 추이로는 국민연금을 받을 수 없게 된다. 소위 말하는 공무원연금, 군인연금, 사학연금 등에 우리의 세금이 어마어마하게 투입되고 있다. 이 비정상적인 연금구조를 개혁하지 않으면 미래가 없다. 그리고 그것을 할 수 있는 것은 대통령의 의지밖에 없다. 하지만, 이를 입 밖에 꺼내는 순간 시민들이 등을 돌릴 수 있다. 우리가 살아갈 미래, 노후가 불안정하지 않다는 신호를 주기 위해서는 대통령이 당선과 동시에 5년 내내 연금개혁만 해도 부족할 것이다.

적폐청산

• **<서울의 소리> 백은종 대표**

시민들이 촛불을 들고 행동에 나선 이유에 대해서는 다양한 의견이 있을 수 있지만, 기본적으로 기득권 적폐를 청산하라는 요구였다고 할 수 있다. 정의로운 대한민국에 우리 아이들이 살 수 있도록 해야 한다.

"힘을 부여해 줬는데 결국 그 안에도 적폐들이 있었다. 적폐청산을 반대하는 놈이 적폐다."

<대한민국 대통령 中>

이 밖에도 남북문제 해결에 대한 의견을 준 패널들도 몇 있었다. 남북문제에 관해서는 패널들의 의견보다 시민들의 의견을 밝혀주고자 한다.

■ "일단 통일을 해야지 나라가 살아요. 이게 뭐에요?"

■ "제 아버지가 이산가족 출신. 이산가족이셨어요. 그래서 아주 어린 나이에 열대여섯 무렵에 홀로 피난 내려오셔서 평생 부모님 만나지 못하고 돌아가셨는데, 가족을 만날 권리라는 게 굉장히 당연한 권리인데, 그게 여하튼 간에 몇십 년 이상 안 된, 그 권리를 빼앗긴 분들이 너무 많잖아요. 그분들의 아픔이 좀 해결되었으면 좋겠다.

■ "북한과의 관계를 개선한다면 그게 더 이점이 있지 않을까?라는 생각이 들어요. 애들이 군대에 안 갔으면 좋겠고"

■ "북한을 어떻게 해서 더 지원해서 평화통일을 시킬까? 그것보다는 현재 우리나라 안에서도 좀 어려운 사람들이 많잖아요. 왜 굳이 다른 나라의 어려운 사람들이 우선인가. 그게 저는 싫은데."

이 밖에도 교육문제를 해결해달라고 하는 시민들, 수도권 중심의 발전 중단, 국민통합, 환경문제 해결 등등 다양한 시민들의 요구를 확인할 수 있었다. 무료 WiFi 공유기를 늘려달라고 하거나 공부 스트레스를 강요하는 분위기를 줄여달라는 소소한 부탁도 있었다. 대통령이 해결해

줄 수 있는 문제가 다양한 만큼 기대도 그만큼 클 수밖에 없을 것이다. 하지만 대통령이 신이 아닌 이상 이 모든 문제를 5년 안에 해결해줄 것으로 기대하기도 쉽지 않을 것이다.

영화에서는 특히 이런 다양한 시민의 요구가 어제오늘의 일은 아니라는 것을 보여주었다. 전세난이나 치솟는 부동산 가격을 해결해달라는 요구, 물가가 너무 높아서 힘들다는 걱정, 교육개혁이 필요하다는 문제 인식, 남북평화에 대한 요구, 복지사회를 만들어 달라는 요구들은 과거의 대통령도 이러한 요구에 응답하겠다며 대통령 취임사에서 밝히는 장면이 등장한다. 하지만 그러한 문제들이 모두 해결된 바 없으니 지금까지 이어진다는 점을 주목해야 한다.

만약 시대정신, 혹은 시민의 요구를 다 해결했느냐를 기준으로 대통령을 평가한다면 대한민국은 여태껏 제대로 된 대통령을 뽑은 적이 없는 것이 될 수도 있다. 더욱이 〈대한민국 대통령 잔혹사〉에서도 다루었듯 모든 대통령의 말로도 좋지가 않았음을 고려한다면 우리 국민의 기대가 높은 것에 비해서 대통령과는 크게 인연이 없는 것이 아닌가 생각이 들 정도다.

그럼에도 불구하고, 대한민국은 전쟁의 폐허에서 한 세기도 지나지 않아 선진국 반열에 오를 정도로 산업화와 민주화, 정치에 있어서 압축성장을 이룩했다. 그런 대한민국에서 과연 국가의 수반이라 할 수 있는 대통령이 모두 실패했다고 이야기할 수 있는 것일까? 이런 관점에서 조금은 다르게 시대정신과 대통령의 관계를 보는 시각도 있다.

・■ 더불어민주당 박주민 국회의원

대통령은 시대정신을 받드는 사람이어야 한다. 동시에 대통령은 그것을 그냥 받아 안기만 하면 안 되고, '우리 이렇게 갑시다'라고 앞장설 수 있는 사람이 되어야 한다. 시대정신의 방향을 제시해야 하는 역할이다.

만약 성공한 대통령들이나 실패한 대통령들의 공통적인 특징을 찾아낼 수 있다면 우리가 더 좋은 대통령을 만들어내는 데 있어서 참고할 수 있는 자료가 될 수 있을 것이다.

그렇다면 성공한 대통령이라는 것은 과연 어떤 대통령일까?

08.
성공한 대통령

대통령의 성공요건은 무엇인가?

1948년 이후부터 2021년 현재까지 우리는 12명의 대통령을 만났다. 12번의 대통령 직접선거가 있었지만, 단한 차례도 직선으로 뽑힌 적 없는 대통령이 3명이나 된다. 대통령 중 2명은 쿠데타를 통해 집권했고, 1명은 하야했으며, 1명은 탄핵당했다. 전직 대통령 중에 2022년 1월 현재 두 명이 생존해 있으며, 한 명은 수감 중이며, 한 명은 최근 수감 중에 사면되었다. 이 밖에도 1명의 내각 총리, 7명의 대통령 권한대행도 있었다. 우리는 이들에 대해서 얼마나 알고 있는가?

패널들에게 역대 대통령과 관련한 질문을 던져보았다. 질문의 형태가 조금씩 다르긴 했지만 주된 질문들은 다음과 같다.

- ■ 첫 대통령 선거는 언제였는가? 그날 어떤 마음으로 투표장에 향
  했는가?
- ■ 대한민국에 성공한 대통령이 있다고 생각하는가?
- ■ 가장 좋아하는 대통령은 누구인가?
- ■ 최악의 대통령은 누구라고 생각하는가?
- ■ 대통령과 관련한 추억이나 에피소드 같은 것이 있는가?

일부 패널들이 지적한 대로 대한민국에서 대통령은 실패가 예정된 자리일까? 〈대한민국 대통령 잔혹사〉 분야도 다루었지만, 대한민국 대통령은 단 한 사람도 빠짐없이 임기 내에 혹은 이후에 불행을 맞이했다. 그렇다고 성공한 대통령이 단 한 명도 없다고 할 수 있는 것일까?

결국, 우리의 목표는 어떻게 하면 우리가 더 좋은 대통령을 만들 수 있는지 찾고 싶은 것이었기에 모든 대통령을 다 다루면서 역사강의를 할 필요는 없을 것 같다. 다만, 성공한 대통령으로 꼽힌 사람들의 특징들과 최악의 대통령으로 꼽힌 사람들의 특징들을 조금 종합해보면 의미가 있을 것이다.

성공한 대통령을 묻는 패널들의 대답은 주로 세 가지로 분류되었다. ①대한민국에는 성공한 대통령이 없었다고 하는 경우, ②대부분 대통령은 각자의 시대를 열었기에 대한민국도 성공한 것이라고 하는 경우, ③보수 패널은 보수 대통령, 진보/민주 패널은 민주/진보 대통령을 성공한 대통령으로 꼽는 경우. 이 중 ③의 경우는 굳이 다루는 것이 큰 의미는 없을 것 같고, 본 챕터에서는 ①와 ②에 대해서 소개해보고자 한다. 참고로, 성공한 대통령으로 가장 많이 언급된 인물은 김대중 대통령으로 진영과 관계없이 부정적인 이야기보다 긍정적인 이야기가 많았다.

성공한 대통령은 없다

• <팬엔드마이크> 정규재 주필[10]

결국, 감옥에 가지 않은 대통령을 성공한 대통령이라고 해야 할 것이다. 정치적으로 성공했다고 이야기할 수

---

10) 정규재 주필은 성공한 대통령은 없지만, 위대한 대통령으로 이승만 대통령을 꼽았다.

있는 대통령은 없다. 다만, 위대한 대통령은 있었다고 얘기하는 것이 맞을 것이다.

・■ 이재오 전 국회의원[11]

결과적으로 퇴임 후에 혹은 임기 말에 다 불행했다. 재임 중에 가족이 감옥 가거나, 퇴임 후에 본인이 감옥에 가거나, 사망하거나 했다. 그런 상황에서 성공한 대통령을 이야기하기보다는 왜 이런 게 반복되는지를 생각해봐야 한다.

> "사실 제가 생각했을 때는 역대 대통령 중에는 제 기대에 미칠 정도로 하셨던 분은 없었던 것 같습니다."
>
> <대한민국 대통령 中>

성공한 대통령을 생각하는 것은 의미가 없다

・더불어민주당 신정현 경기도의원

성공이라는 것이 결국에는 결과적인데, 과연 성공이라는

---

11) 이재오 전 국회의원은 후에 이명박 대통령을 성공한 대통령으로 꼽았다.

것이 존재하는 것일까? 대통령의 5년이 끝나고 나면 30%의 지지율을 넘긴 대통령이 없다. 그러면 70%가 지지하지 않는다는 것인데, 그런 대통령들이 성공했다고 이야기할 수 있는가? 다만, 30%가 끝까지 지지한 이유가 있을 것이다. 그리고 그 대통령들도 무언가 한 가지씩은 이루었다. 차라리 성공한 대통령이 누구인가를 묻기보다는 그 대통령이 잘한 것이 무엇인지를 이야기해보는 것이 의미가 있을 것이다. 그렇게 보면 각각의 대통령들이 그 시기에 필요한 과업들을 하나씩은 다 해냈다.

· **조전혁 전 국회의원**[12]

결국에는 역사적으로 시간이 더 흘러야 그 사람이 잘하는 것을 곱씹으면서 평가내릴 수 있는 문제다. 우리나라가 정치적으로 빠르게 압축 성장했기 때문에 당대에는 긍정적인 평가를 받기 힘든 부분들이 존재한다. 하지만, 대한민국에는 성공한 대통령이 많았기 때문에 대한민국이 성공한 것으로 따져야 한다. 사람들은 그 점을 간과한다.

---

12) 조전혁 전 국회의원은 가장 성공한 대통령으로 이승만 대통령을 꼽았다.

• 정의당 류호정 국회의원

대통령을 역임한 자연인의 성공을 생각해본 적 없다. 하지만 적어도 민주화 이후의 대통령들은 하나 이상의 임무를 수행했다. 정치군인의 시대를 끝내고 민주주의를 열었다든지, 평화통일의 가능성을 열었다든지, 민주주의를 더 발전시켰다든지. 물론, 이명박, 박근혜 대통령은 현재 벌을 받고 계시기 때문에 판단을 좀 더 미래로 미뤄야겠지만, 그래도 어떤 임무를 수행했을 것으로 생각한다.

대통령의 성공과 실패를 이분법적으로 나누는 것이 참 애매하긴 하지만, 굳이 요건이나 기준이 있다면 그것은 시민의 평가라 생각한다. 시민들이 박정희 대통령이나 노무현 대통령을 높게 평가한다고 답하는 것으로 알고 있는데, 그렇다면 역사도 그렇게 기억할 것으로 생각한다.

• 더불어민주당 정성호 국회의원

성공과 실패를 이분법적으로 나눌 수 없다. 그래도 우리 사회에 어떤 변화를 이뤄내는데, 새로운 단계로 도약하는 역할을 한 대통령들이 있고, 그들의 공이 과와 비교해서 비율적으로 공이 조금 많다고 하면 성공했다고 봐야 하지 않을까 생각한다. 100% 성공한 대통령은 없다고 봐야 한다.

- **더불어민주당 김민석 국회의원**[13]

우리나라 대통령들이 다 실패했다고 볼 수 있다고 생각하지 않는다. 역대 대통령들이 다 공과 과가 있지만, 큰 시대정신의 일정 부분을 커버해온 측면이 있다.

- **국민의당 안철수 대통령 후보**

대통령마다 각자에게 주어진 시대정신적 과제가 있었고, 나름대로 그것을 잘 헤쳐왔다. 물론, 각 대통령마다 공과 과가 있는 법이다. 100% 잘한 분도 안 계시고, 100% 못한 분만 계신 것도 아니다. 따라서, 우리가 해야 할 일은 전직 대통령의 공은 계승해서 더 발전시키고, 과에 대해서 교훈을 얻어서 다시 그런 실수를 반복하지 않는 것이다. 그리고 현재의 시대적 과제를 충실하게 수행하는 것이다.

성공한 대통령에 대한 기준을 어떻게 잡느냐에 따라 다르겠지만, 전반적으로 대통령을 '성공'과 '실패'로 나누는 것에 관해 대부분 회의적이었다. 그런데도 성공한 대통령이 없다는 의견을 피력한 패널들도 위대한 대통령이

---

13) 김민석 국회의원은 가장 성공한 대통령으로 김대중 대통령을 꼽았다.

나 성공한 대통령으로 꼽는 대통령들이 하나쯤 있었다.

대통령의 성공을 이야기하면서 판단기준에 대해서 '시대적 과업' 혹은 '시대정신'에 대한 이야기가 가장 많이 등장했다. 그리고 역사와 시민의 평가가 주를 이루었다. 결국, 공과 과를 놓고 평가를 해보고 공은 계승하고 과는 반복하지 않는다는 교과서적인 이야기를 할 수밖에 없는 것 같지만 확실한 것은 대통령이 되겠다는 사람들과 그를 대통령으로 만드는 주권자들이 그 공과 과가 무엇인지에 대해 평가해보는 정도의 고민이 필요하다는 것은 분명하다. 또한, 당대의 시대정신이 무엇인지, 우리가 어떤 시대를 살아가고 싶은지, 후보 중에 누가 그 시대를 열어줄 수 있을 것인지에 대해서 한 번 쯤은 고민해보려는 노력이 필요하다.

그렇다면 패널들은 실패한 대통령이나 최악의 대통령으로 어떤 인물을 주로 꼽았을까?

09.
대한민국 흑역사 - 전두환

그를 대통령이라 할 수는 있기는 한 걸까?

인터뷰를 진행하면서 '성공한 대통령 vs 실패한 대통령' 혹은 '최고의 대통령 vs 최악의 대통령'에 관한 질문을 던졌다. 성공한 대통령에 대해서는 다양한 의견이 나왔다. 실패한 대통령 혹은 최악의 대통령에 대해서도 많은 이야기가 나왔다. 하지만, 가장 논란이 되었던 대통령은 전두환이었다. 최악의 대통령으로 전두환을 꼽은 패널들이 있는가 하면, 최악의 대통령으로 다른 대통령을 이야기하면서 전두환은 대통령이라 할 수 없어서 꼽지 않는다고 이야기하는 패널들이 있었다. 영화에서도 한 꼭지로 짤막하게 전두환을 짚고 넘어간 것도 ①모두가 공통으로 대통령이라는 자리에 앉은 최악의 인물로 꼽았기 때문이기도 하고, ②2022년 대선전에서 거대양당의 후보들도 전두환과 관련해서 논란이 되기도 했으며, ③최근 사망으로 다시 한번 그의 삶이 재조명되었기 때문이다.

전두환이라는 인물에 대해서 깊게 다루는 것은 크게 의미가 없지만, 왜 모든 패널이 최악의 대통령으로 전두환을 꼽는지에 대해서 짚고 넘어가야 우리 사회가 절대 용납할 수 없고, 용납해서도 안 되는 대통령은 어떤 모습인지 알 수 있을 것이다.

참고로 인터뷰가 진행했을 시점에는 전두환이 아직 사망하기 전이다.

전두환이 최악의 대통령인 이유

· **더불어민주당 김민석 국회의원**[14]

헌정을 짓밟았고 인간으로서 마무리할 시점이 다가오고 있는데도 스스로 고백을 통해서 국민의 마음을 돌릴 기회도 버렸다. 공인으로서도 개인으로서도 안타까운 사례다.

---

14) 김민석 국회의원은 최악의 대통령으로 전두환을 꼽았다.

• 국민의당 권은희 국회의원[15]

군부 쿠데타 세력에 대해서는 인권의 관점에서, 민주주의의 관점에서 절대로 그 과가 어떠한 공이 있어도 합산되는 방식으로 평가되어서는 안 된다.

• 조전혁 전 국회의원[16]

개인적으로 쿠데타로 정권을 장악한 전두환, 노태우를 대통령이라 인정하지 않는다.

• 서민 교수[17]

전두환 같은 경우는 그냥 범죄자다. 엄청난 학살을 저지르기도 했기 때문에 굳이 최악의 대통령을 꼽으라면 그 사람인데, 대통령은 87년 이후부터 꼽아야 한다고 생각한다.

---

15) 군부 쿠데타 세력에 대해서는 인권의 관점에서, 민주주의의 관점에서 절대로 그 과가 어떠한 공이 있어도 합산되는 방식으로 평가되어서는 안 된다.

16) 개인적으로 쿠데타로 정권을 장악한 전두환, 노태우를 대통령이라 인정하지 않는다.

17) 전두환 같은 경우는 그냥 범죄자다. 엄청난 학살을 저지르기도 했기 때문에 굳이 최악의 대통령을 꼽으라면 그 사람인데, 대통령은 87년 이후부터 꼽아야 한다고 생각한다.

전두환이라는 인물에 대해서 최악으로 꼽는 이유는 그가 헌정을 유린하고 국민을 학살한 인물이라는 점 때문이다. 그런 비슷한 맥락에서 유튜버 〈새날〉 푸른나무 권현문 대표는 이승만 대통령을 꼽기도 했다. 하지만, 공통으로 쿠데타라는 과정을 통해 집권하고, 독재자로 분류되는 인물이기도 한 박정희 대통령에 대해서는 최악의 대통령으로 꼽는 사례가 없었고, 오히려 긍정 평가를 내리는 경우가 더 많았다.

그렇다면 박정희 대통령과 전두환의 차이는 무엇이었을까?

박정희 대통령과 전두환의 차이

· 더불어민주당 박용진 국회의원[18]

박정희 대통령도 쿠데타를 했지만, 형식적으로는 어쨌든 직선제의 절차를 통해 대통령의 자리에 올랐다. 본인은 속으로 얼마나 쫄렸겠는가? 쿠데타 이후에 윤보선 대통령과 경쟁을 했고, 김대중 대통령과도 치열하게 경쟁했다. 전두환은

---

18) 박용진 국회의원은 최악의 대통령으로 박근혜 대통령을 꼽았다.

자기가 목숨 걸고 쿠데타를 했는지는 모르지만, 누가 그렇게 하라고 했나? 그가 대통령직을 찬탈한 적이 있고, 그 자리를 수행한 적은 있지만, 민주공화국의 기본인 국민에 의해서 권력을 위임받은 적은 없다.

• 더불어민주당 김민석 국회의원

30대 때 국제 청년정치인 모임에서 이런 이야기를 한 적 있다. 우리는 그래도 최악보다는 운이 좋아서 머리가 좀 돌아가는 독재자를 가졌었다. 독재하는데 머리까지 나쁜 지도자를 가진 나라들은 개판이 되었는데, 우리의 사례는 독재가 있었지만 그래도 먹고 사는 문제에서는 진전이 있었던 것 같다. 쿠데타라는 군사적인 방법을 동원한 것에 근본적인 문제가 있지만, 박정희는 어떻게든 못 먹고 못 사는 문제를 해결해봐야겠다는 열정이 있었다는 것은 부인할 수 없다. 대한민국을 왔다 갔다 하면서 고속도로 길도 그려보고 그런 열정이 있었던 거다.

• 정의당 류호정 국회의원[19]

---

19) 류호정 국회의원은 최악의 대통령으로 전두환을 꼽았다.

항상 박정희 대통령을 좋게 평가하는 분들의 말씀을 들어보면 경제적 성장을 이야기한다. 경제적 성장을 놓고 이야기할 때 전두환이 집권했던 80년대에도 성장률은 높았던 것으로 알고 있는데, 그 토대를 박정희 대통령이 만들었다고 보고 있지 않은가 싶다.

· 더불어민주당 정성호 국회의원[20]

박정희 대통령도 쿠데타로 집권했었고, 10월 유신도 사실상 헌법적 후퇴였다. 하지만 그 집권 과정 자체가 국민을 총칼로 위협하고 국민을 살해하면서 집권한 것은 아니었다. 그의 집권 기간 중 심각한 인권침해가 있었던 것은 사실이지만 그 못지않게 우리나라가 산업화 사회로 나아가는 데 있어서 상당히 결정적인 이바지를 했음도 고려되어야 할 것이다. 하지만 전두환은 그 어떤 공이 있더라도 총칼로, 무력으로 집권했다는 사실을 덮을 수 없다. 그리고 그의 집권 기간 동안 우리 사회의 새로운 변화에 이바지한 바가 있다고 보기도 어렵다.

---

20) 정성호 국회의원은 최악의 대통령으로 전두환을 꼽았다.

종합해보면 최악의 대통령 혹은 대통령도 아니라고 취급받는 전두환의 경우, 앞서 살펴봤던 성공한 대통령의 조건이었던 시대적 과업의 완수 여부, 역사와 시민의 평가 부분에서 긍정적인 요소를 찾기 힘들다는 것이 결정적으로 작용한 듯 보인다. 같은 군부 쿠데타 세력인 노태우의 경우에는 그나마 87년 체제가 등장하고 처음으로 직선제를 통해 당선된 대통령이라는 점과 당시의 시대적 과업을 어느 정도 수행했다는 의견도 존재했다.

　또한, 각 대통령의 공과 과에 대한 기준도 주관적일 수밖에 없겠지만, 전반적으로 공익을 추구하고 한 행동과 사익을 추구하기 위해 한 행동이 기준이 되는 경우가 많았다. 전두환 이외의 인물을 꼽은 인물들도 결국에는 그 인물들이 개인의 권력의지나 사익추구가 임기의 존속이유였다는 점을 꼽았다. 이런 점이 IMF 직후에 최악의 대통령 중 하나로 평가받던 김영삼 대통령에 대한 평가가 최근 여론조사 기관에서 실시한 역대 대통령 공과 평가에서 급상승한 것과도 연결되는 듯하다.[21] 적어도 IMF 사태는 사익추구에 의한 결과는 아니라는 평가에 더해 공익을

---

21)　한국갤럽이 2021년 10월 26~28일 전국 만 18세 이상 1,000명을 대상으로 한 조사에 의하면, 김영삼 대통령에 대한 긍정 평가는 6년 전인 2015년 8월의 16%에서 41%로 상승해 긍·부정 시각이 뒤바뀌었다.

위해 활동해온 과거의 업적이 재 조명받기 시작한 것이다.

• <새날> 푸른나무 권현문 대표

진영 논리적으로 보면 어느 쪽 목소리가 더 크냐로 결정된다고 볼 수 있다. 하지만, 정치의 본질로 보면 누구를 위한 정치를 했냐는 태도로 결정된다. 박근혜가 탄핵된 이유에 대해 혹은 실패한 원인에 대해 국정농단이 직접적 작용을 했겠지만, 근본적으로는 세월호를 통해 드러난 태도였다고 생각한다. 세월호 사건의 음모론이나 관련된 선동을 다 빼고서 대통령이, 혹은 국가가 국민을 어떤 방식으로 대했는지의 태도. 국민을 대하는 자세가 훌륭했던 정권은 그만큼의 성과도 낼 수밖에 없는 구조로 되어 있다. 국민을 구하지 못한 것보다, 중요한 것은 최소한 도의적으로 죽어간 유족을 어떻게 대했는가. 이러한 태도가 정권의 성패를 결정한다. 결국, 정치의 본질은 태도이다.

그렇다면 실패하지 않고 어느 정도 성공한 대통령을 얻기 위해서는 국민 스스로가 대통령이 되겠다고 하는 자가 혹은 대통령이 된 자가 국가를 위해 성실히 일하는 사람인가를 우선 판단하고, 그다음 시대적 과제를 수행할 수 있는 역량과 태도를 지닌 사람인가를 살펴보는 것이 중요하다. 하지만, 앞서 살펴보았듯 시대정신 혹은 시대적 과제가 무엇인지 알기는 대단히 어렵다. 또한, 대통령이라는 사람이 혼자 그것을 감당해낼 수 있는지도 알기 어렵다.

그렇다면 그를 뒷받침하는 조직인 정당과 진영을 통해 어떤 판단기준을 마련해볼 수 있지 않을까?

10.
정당과 진영
우리는 왜 싸우는가?

"국민들을 위해 서로 여야를 떠나서 서로 포용해서 잘했으면 좋겠
어요."

<대한민국 대통령 中>

대통령에 출마하기 위해서 꼭 정당에 소속될 필요는
없다. 하지만, 우리나라에서 직선제를 통해 선출된 대통
령 중에 소속정당이 없었던 경우는 없었다. 역사적으로
최규하, 전두환 대통령만이 무소속으로 대통령직에 올랐
고, 나머지는 모두 정당 소속이었다. 최규하, 전두환 둘
다 정상적인 과정으로 대통령이 된 것이 아님을 고려한다
면 대통령과 정당은 분리해서 생각할 수 없다. 참고로 제
15, 16, 19대 대통령만이 민주당 계열 정당 소속이었고,

나머지는 전부 보수진영 정당 소속이었다. 그렇다면 대통령 후보를 배출하는 기구인 정당은 어떤 조직일까?

우리 정당법 제2조는 정당을 '국민의 이익을 위하여 책임 있는 정치적 주장이나 정책을 추진하고 공직선거의 후보자를 추천 또는 지지함으로써 국민의 정치적 의사 형성에 참여함을 목적으로 하는 국민의 자발적 조직'이라 규정하고 있다.

또한, 대한민국 헌법 제8조는 정당에 관하여 다음과 같이 규정한다.

1. 정당의 설립은 자유이며, 복수정당제는 보장된다.
2. 정당은 그 목적·조직과 활동이 민주적이어야 하며, 국민의 정치적 의사 형성에 참여하는데 필요한 조직을 가져야 한다.
3. 정당은 법률이 정하는 바에 의하여 국가의 보호를 받으며, 국가는 법률이 정하는 바에 의하여 정당 운영에 필요한 자금을 보조할 수 있다.
4. 정당의 목적이나 활동이 민주적 기본질서에 위배 될 때에는 정부는 헌법재판소에 그 해산을 제소할 수 있고, 정당은 헌법재판소의 심판에 의하여 해산된다.

참고로 대한민국에는 2021년 8월 기준으로 50여 개의 정당이 존재하고, 이번 인터뷰에 참여한 정치인들의 정당은 2021년 현재 원내의석수 순으로 더불어민주당, 국민의힘, 정의당, 국민의당이다. 정당의 역할과 그 중요성은 시대와 함께 변화해왔다. 정당에 실제로 참가하고 있거나 지켜봐 온 이들에게서 이러한 이야기를 들어볼 수 있었다.

정당의 역할과 중요성

· 더불어민주당 박주민 국회의원

초기에는 정당을 반대하는 헌법학자들이나 정치학자들이 많았다. 민주주의는 개인이 투표해야 하고, 국회의원 또한 개인의 신념에 따라서 움직이게 되어있는데 왜 정당이란 매개체가 들어가는가에 대한 문제 인식이 있었다. 그래서 정당에 대해서 굉장히 반대를 많이 했고, 그래서 헌법의 정당 조항이 들어가 있는 나라가 많지 않다.

그런데, 정당을 인정하게 되고 헌법적 기구로 승인하게 된 이유가 뭐냐면 대중민주주의가 발달하면서, 많은 사람에게 정보를 제공하고, 많은 사람과 대화를 나누고, 많은 사람의 의견을 수용하고, 많은 사람을 설득하는 일이 필요해서 정당이라는 것이 승인된 것이다. 특히, 사회적 변화가 큰 정책의 경우, 설득해야 하는 사람, 지지를 끌어내야 하는 사람이 대단히 많아진다. 정당이 꾸준히 그런 사람들 만나고 각 지역위원회에서 이런 작업을 계속해야 한다. 이게 안 되면, 대통령이라 할지라도 큰 변화를 일으킬 수 있는 정책을 집행할 수 없다.

노무현 대통령이 퇴임하고 나서 쓴 <진보의 미래>라는 책을 보면 서문에 이렇게 쓰여있다. 세상을 바꾸기 세대가 인권변호사가 되어 봤더니 할 수 있는 게 많지 않았다. 야당 정치인이 돼봤더니 역시 할 수 있는 게 많지 않았다. 여당 정치인이 되더니 그래도 할 수 있는 게 많지 않았다. 대통령이 됐는데 할 수 있는 게 많지 않더라. 왜 이런가 봤더니 결국은 시민이 합의한 틀 안에서만 움직일 수 있더라. 그래서 자기가 시민으로 돌아왔으니 그 시민의 합의를 바꾸고 합의의 틀을 좀 바꿔서 좀 더 사회가 좋은 방향으로 갈 수 있도록 움직일 수 있는 범위를 넓히겠다. 그래서 진보의 미래란 책을 쓰고, 민주주의 2.0이라는 게시판을 만든다. 이렇게 되어있다.

그런데 이 역할은 정당이 해줘야 한다. 정당이 시민들과 계속 만나면서 '우리 사회가 이렇게 바뀌어야 하지 않겠습니까?' 하고 설득하고, 시민들이 얘기하면 그것을 정당이 수용해서 정책을 만들고. 이런 작업을 계속해야만 할 수 있는 일이 많아진다는 건데, 우리의 정당은 여당이나 야당이나 구분 없이 선거 때만 바쁘다. 선거 때 동원하는 조직이 정당인 것이다. 절대 그렇게 해서는 사회가 근본적인 해결을 할 수 없다. 정당이 완전히 바뀌어야 한다. 그걸 못하면 누가 대통령이 되더라도 대통령의 역할을 제대로 하기 어려울 것이다.

이렇게 정당이라는 것은 대통령과도 분리해서 생각해 볼 수 없고, 우리 사회 전체에서도 큰 비중을 차지하고 있는 집단이다. 대통령도 그렇지만 우리의 정당정치 역사도 오래되지 않았기 때문에 부실한 부분이 그만큼 크다는 것을 알 수 있다. 그렇다면 더 나은 대통령, 더 나은 사회를 만들어감에 있어서 더 좋은 정당을 만들어야 하고, 그러기 위해서는 정당에 참가하는 행위나 사람도 중요할 것이다. 그렇다면 정당에 참가한다는 것은 어떤 의미가 있는 것일까?

정당에 참가한다는 것

· **정의당 심상정 대통령 후보**

　우리 시민들은 참정권에 대해서 매우 소극적인 이해를 하고 있다. 정치권이 반정치적 기조를 확산한 이유라 생각한다. 참정권의 개념이 투표에 참여하면 된 것이라는 인식에 그친다. 투표를 많이 하는 체제에 그친다면 투표율이 가장 높은 북한 같은 곳도 민주국가라 부를 수 있을 것이다. 이탈리아의 정치학자 보비오[22]는 시민의 참정권은 투표할 수 있는 체제가 아니라 '내가 누구한테 투표할 것인지의 딜레마를 해결하는 체제'라고 했다. 말이 어려운데, 내가 누구한테 투표할 것인가가 아니라 '나를 대변할 정당을 조직할 권리가 진정한 참정권'이라는 얘기다. 지금 우리나라는 오랜 양당체제를 유지하고 있다. 말하자면 메뉴판에 짜장면과 짬뽕이 있으니 둘 중 하나만 고르라는 것이다. 볶음밥을 먹고 싶은 사람이나 잡채밥을 먹고 싶은 사람은 참정권이 제약되는 것이다. 지금과 같은 양당체제 아래에서 차악의 선택을 강요받는 것은, 처음부터 절반의 참정권을 뺏기고 시작하는 것이다.

---

22) 노르베르토 보비오(Norberto Bobbio, 1909년 10월 18일-2004년 1월 9일). 이탈리아에서 태어난 법철학자, 정치학자, 정치사상사가

그래서 시민들이 나를 대변할 정당 또는 정치인을 가질 권리를 찾는 것이 대한민국을 더 나은 미래로 안내하고 나의 삶을 지킬 수 있는 것이다.

• 류호정 국회의원

당원이 된다는 건 내가 바라는 사회상으로 다가가기 위해 조금 더 노력하는 행위다. 입당한다고 해서 갑자기 일상이 확 변하지는 않는다. 내일 출근하는 것도 똑같을 테고, 금요일에 친구와 맥주 한잔하는 것도 똑같을 것이다. 다만 이제 내가 살고 싶은 사회를 만들기 위해서 조금 더 적극적으로 행동한다는 것을 뜻한다.

투표에 참여하는 것 이상으로 대한민국 사회를 변화시키고자 하거나, 나아가 내 삶을 변화시키고자 한다면 정당에 참가하는 것도 하나의 방법이 될 것이다. 대통령이라는 주제에 한정해서 계속 생각을 해보자면 정당은 대통령을 실제로 배출하는 기구다. 물론, 무소속으로 대통령에 출마할 수도 있지만, 자금과 조직의 측면에서 기성정당을 이기는 일이 결코, 쉽지 않기 때문에 무소속 출마로 대통령이 되는 것은 사실상 불가능하다고 볼 수 있다.

결국, 대통령이라는 사람은 국민이 최종적인 선택을 하는 것이지만 메뉴판에 메뉴를 올려놓는 역할을 정당과 진영이 하는 것이다. 하지만, 특정 소수만이 이런 작업에 참여하고 있다면 대한민국은 소수가 대통령을 세우고 이끄는 나라가 될 것이다. 우리나라 정당 참여율이 꾸준히 증가하고는 있지만, 여전히 매우 낮은 수준이다.[23] 이를 보완하고자 만들어진 제도가 바로 '국민경선'이라는 제도다.

대한민국 대통령선거에서 독특한 제도가 있다면 후보를 선출할 때, '국민경선'이라는 방식을 취한다는 것이다. 당원이 아닌 일반 유권자들이 후보 선출과정에 투표를 통해 참여하는 제도인데, 미국의 예비선거primary 제도를 빌린 것이다. 우리나라에서는 2002년 새천년민주당이 처음 도입했다. 미국에서는 모든 유권자에게 투표권을 주는 반면, 우리나라에서는 일반적으로 당원 50%, 일반 유권자 50%의 비율로 표를 인정한다는 차이가 있다.

---

23)   중앙선거관리위원회 '정당의 활동 개황 및 회계 보고'에 의하면 우리나라 인구수 대비 당원 수는 2005년 0.055명에서 2017년 145명으로 급증했다. 하지만, 당비를 내는 당원의 비율이 정의당(63.6%)을 제외하고 주요 정당들이 모두 50%를 넘기지 못하고, 양대 정당은 25%를 넘기지 못 넘겨 전체 당비 납부비율은 17.6%에 그친다. 때문에 적극적으로 정당 활동에 참여하는 인구는 당비 대납이 없다는 전제하에 약 2.5% 정도 된다고 볼 수 있다.

대통령 국민경선제도

· 더불어민주당 김민석 국회의원

2002년에 도입할 때 기획하고 집행한 전 과정에 간사 격으로 참여했다. 그때 왜 그걸 했냐? 아주 쉽다. 정당이라는 것은 당원의 당비 내에서 운영되는 조직이라고 교과서에 나올 것이다. 우리는 정당과 지지자는 존재했지만, 당비를 내서 목소리를 내는 당원이라는 것은 없었다. 이 때문에 정당 민주주의를 도입하기 위해서 선거에 당원 몫을 넣고, 국민 몫을 넣고 해서 어떤 민주주의적인 의도를 반영한다 이렇게 만든 것이다.

하지만, 지금은 근본적인 정치지형이 바뀌었다. 당원이 주인이 되는 정당이 만들어진 것이다. 더 잘 얘기해보면, 20년 전의 당원들은 공천이 잘못되면 술집에 모여서 '야, 선생님이 이럴 수 있어?' '우리 위원장이 이럴 수 있어?' 이랬을 것이다. 그로부터 20년이 지난 지금의 당원들은 뭐가 잘못되면 직접 바꾸겠다고 나서고 실제로 바꿀 힘도 갖추었다. 간단한 변화로 보이지만, 이건 실로 어마어마한 변화이다. 이러한 변화는 민주당에서 시작해 이제는 보수정당에서도 당원이 주인인 방향으로 나아가고 있기에 한국 정치는 어마어마하게 발전한 것이다.

당원의 참여가 늘면서 당원이 주인이 되는 방향으로 정당이 진화하고 있고, 대통령을 만드는 데에 있어 당원들의 목소리나 참여도, 수준도 중요해지고 있다. 그렇다는 것은 제대로 된 대통령을 뽑기 위해서 정당정치부터 제대로 돌아가야 한다는 의미다. 대한민국의 정당들이 건강하면 좋은 후보들을 뽑아 올릴 것이고, 국민은 양질의 선택이 가능해지도록 할 것이고, 정책을 추진하는 데 있어 당이 국민의 목소리를 듣거나 설득하는 작업을 잘 수행할 수 있게 된다. 하지만 우리 정당들이 그런 역할을 잘 수행한다고 볼 수 있는가? 대한민국 정당정치의 문제들에 대해서 알아보았다.

대한민국 정당정치의 문제

• <펜앤드마이크> 정규재 주필

국민이 대통령 후보 중에 찍고 싶은 사람이 없다고 말한다. 이는 정당의 문제다. 정당을 실질적으로 지배하는 자들이 정치인으로 클만한 사람들을 리크루트하지 않는다. 자기 말을 잘 듣는 사람을 국회의원이나 대통령으로 뽑아 올린다. 민주당도 국힘당도 이렇게 부패해 있는 것이다. 돈을 먹어서

부패해 있는 것뿐만이 아니고, 정신적으로 굉장히 부패해 있는 것이다. 예를 들어서, 정말 멋진 선수가 있는데, 자기 입맛에 안 맞는다고 기용을 안 하는 것이다. 우리나라의 대통령이나 각 당의 대표로 히딩크를 갖다 놓을 수는 없지 않은가? 학연, 지연 이런 거 보지 않고 실력보고 뽑으니까 박지성도 나오고 하는 건데, 우리 양대 정당은 그렇게 하지 않으니까 찍을 사람이 없다는 말이 나오는 것이다.

유권자들은 언제까지 이렇게 할 거냐고 묻는다. 정치개혁에 대한 요구가 있는 것이다. 하지만, 민주당은 국힘당 핑계를, 국힘당은 민주당 핑계를 대며 서로를 무찌르기 위한 단결만 강조하기 때문에 정치개혁이 이루어지지 못한다. 국민은 각 진영의 인질이 된 것이다. 국민이 인질로 잡혀버리니 당이 우선 뽑아 올리면 상대방에게 주지 않기 위해서라도 찍어주는 것이다. 그 물건이 아무리 부실한 물건이라도 가리지 않는다. 양쪽이 다 그렇다. 그러니까 막상 국가적 인재가 필요하다고 들여다보면 사람이 없다. 조선도 그렇게 망했다. 조선에 정말 사람이 없었겠는가? 지금 대한민국 5천만 명 중에 정말 그렇게 훌륭한 정치가가 없겠는가? 있는데, 정당들이 뽑아 올리지 않는 것이다. 그래서 그것을 누가 해결할 것인가? 결국, 이를 해결하는 것도 국민의 몫이다.

· 정의당 심상정 대통령 후보

정당이란 시민들의 자유로운 정치적 결사체. 우리나라에서는 이승만 정권이 들어서서 민주국가가 되려면 정당이 필요하니까 국가가 정당을 만들었다. 정당이 하나면 독재니까 반대 정당도 만들었다. 그 역사가 지금의 양당체제로 이어져 온 것이다. 정당이라는 것은 정책과 비전을 가지고 정치인들을 양성하고, 정치인들을 공천하고 국민의 평가를 받도록 해야 하는데, 선거 때만 되면 인물 마케팅에 나선다. 유구한 역사를 자랑하는 정당에서 후보를 자체적으로 양성하지 못하니까 외부에서 용병을 데려다가 정당을 유지하는 것이다. 이는 현대적인 정당 체제가 아니라 사실상 붕당체제이다. 어떤 철학이나 노선이 없다 보니 선거 때마다 입장이 180도 달라진다. 아직도 우리나라는 인물 중심의 정치를 하고 있고, 대통령을 중심으로 한 캠프체제로 운영되어온 것이다.

그람시[24]라는 사상가는 정당을 이렇게 규정했다. '정당은 부분을 대표하고 전체를 지향한다.' 국민전체를 한 당에서 대변하는 것은 전체주의 국가다. 국민의 이해관계는 다양하

24) 안토니오 그람시(이탈리아어: Antonio Gramsci, 1891년 1월 22일 ~ 1937년 4월 27일). 사회주의와 공산주의 그리고 반反 파시즘을 주장한 이탈리아 지식인, 정치인 그리고 지도자와 사상가

다. 기업주의 이해관계가 있고, 노동자의 이해관계가 있다. 노동자들 안에서도 이해관계가 다양하다. 기업들 사이에도 이해관계가 다양하다. 남성의 이해관계도 있고, 여성의 이해관계도 있다. 이 다양한 구성원들을 서로 나누어서 대변하는 것이 정당 체제다. 그것이 민주주의고, 서로 다른 이해관계를 갖는 시민들을 대표하는 정당들이 그 이해관계를 대표해서 서로 조정하고 타협하는 것이 의회 중심의 체제다.

• 더불어민주당 박용진 국회의원

세대의 교체가 이루어지지 못하는 것은 우리 정당 문화의 문제다. 이른바 YS김영삼, DJ김대중가 '40대 기수론'을 내걸고 나섰을 때 대한민국 정당 문화가 한 차례 바뀌었다. 그 이전의 정당은 '정치 구락부'라고 보통 얘기한다. 어떠한 철학과 정강 정책이 있어서 뭉친 집단이 아니라 그냥 친목 단체로써 유명인사들이 만든 클럽 정도였다. 71년 김대중 대통령이 출마하면서 보다 현대적인 의미의 정당 형태로 변화를 이루어냈고, 노무현 대통령이 등장하면서 당원들이 참여하기 시작했으며, 그 당원들 속에서 새로운 정치인들이 배출되었다. 그러고서 20년이 지난 지금 세대교체라고 할 만한 변화가 발생하지 않고 있는 것은 대한민국 정당정치가 스스로 교육이나 훈련 등을 통해서 새로운 세대의 정치인을 만들어내는 시스템이 부실하기 때문이다. 당내 민주주의가 약한 것도 문제다. 그러다 보니 계속 외부에서 사람 데려와서 정치인의 얼굴만 물갈이하는 수준이다.

외국처럼 100년 정당이 없고, 계속 당명 바꾸고, 사람 갈아 끼우는 것들이 다 이런 시스템의 부재에서 비롯된다. 정당정치가 발전하지 못하는데, 정치가 발전하기를 기대할 수 없다.

• **조전혁 전 국회의원**

어떤 시장이 가장 좋은 시장이냐고 하면 부패하거나 도태된 플레이어를 시장에서 축출할 수 있는 시장이 가장 효율적인 시장이다. 정치인은 철학이나 정책을 정치라는 시장에 내놓고 유권자의 선택을 구하는 시장의 플레이어다. 하지만 대한민국 정치시장은 공평하고 효율적인 시장이 아니다. 뭐 하나 잘한 것도 없는데, 경쟁하는 후보가 똥볼 차면 선택받는 구조가 반복되고 있다. 그런 시스템의 디자인이 표류하고 있다.

대통령을 인물을 보고 뽑냐? 정당을 보고 뽑냐? 라고 할 때, 물론 둘 다 봐야겠지만 국정운영은 팀플레이다. 그래서 인물 하나만 보고 뽑았다가는 낭패를 볼 수 있다. 우리가 상품을 고를 때 브랜드라는 것을 본다. 브랜드라는 것은 하루아침에 만들어지는 것이 아니고 수십 년 동안의 결과물이 쌓여서 만들어진다. 신뢰의 문제다. 그런 면에서 보면 정당이 더 중요하다고 생각한다.

현재 대한민국 정치시장을 보면 과점시장의 형태다. 경쟁의 부재인 것이다. 우리나라나 미국처럼 대통령제를 채택한 나라보다는 의원내각제를 선택한 민주국가들이 더 많다. 우리나라도 내각 책임제적 요소를 일부 차용하고 있기는 하지만, 대통령이 워낙 강력하여서 정당과 의회가 힘을 쓰기 힘들다. 이런 부분 때문에, 의원책임제, 내각책임제가 국민의 요구에 더 잘 대처할 수 있는 체제라는 일부 전문가들의 주장도 있는 것이다. 하지만, 우리 국민이 대통령제를 훨씬 더 원하고 있고, 의회에 대한 신뢰가 부족하기에 도입되기는 어렵다. 우리 국민도 정치를 참여하면서도, 논의를 진행하는 의회의 모습을 조금 더 순수하게 바라봐 줄 필요가 있다.

정당정치가 가진 문제는 크게 보면 ①당내 민주주의가 제대로 돌아가지 않는 문제, ②정당들이 구성하고 있는 국회에 대한 신뢰도가 떨어지는 문제, ③정당들이 다양성보다는 이분법적으로 국회를 구성하고 운영하는 문제 등으로 정리될 수 있다. ①과 ②는 더 많은 국민이 적극적으로 정당정치에 참여하는 방식으로 어느 정도 해소가 가능한 부분으로 보이는데, ③은 구조적인 문제다. 그리고 ③과 관련해서 가장 많이 등장하는 단어는 '진영논리'다.

우리나라에서 정당과 진영을 이야기하다 보면 흔히 등장하는 단어가 '진영논리'다. 진영논리란 '특정 인물, 집단, 사물, 사건 등에 관한 판단을 내릴 때, 그 기준이 그 대상이 어떤 진영에 속해 있는가를 다른 것보다 우선시하여 결론을 내리는 것'으로 정의되어 있다. 진영논리가 문제라는 것에 대해서 많은 사람이 공감대를 형성하고 있지만, 점점 진영논리가 강화되고 있는 것처럼 느껴진다는 사람들도 그만큼 많다.

"물론 자기가 하는 말, 중요한데 자기 말이 옳다고 강력하게 주장하면서 남의 말은 남의 잘못된 점만 찾아서 비난하고 좋은 점을 생각하지 않는 그런 사람은 대통령이 되지 않았으면 좋겠습니다."

<대한민국 대통령 中>

진영논리의 문제

· 국민의당 안철수 대통령 후보

우리나라는 거대 양당체제다. 그러다 보니 양당에서 정치하는 것이 굉장히 편하고 유리하다. 이것이 가진 치명적인 문제는, 개혁을 할 수 없다는 점에 있다. 개혁이라는 것은 기득권과 싸워서 없애야 완수할 수 있는 것인데, 기득권 양당은 우리나라의 커다란 기득권을 반반씩 나눠 가지고 있다. 그러니 둘 중 하나가 이기면 자기편 기득권을 유지하고 상대편을 적폐로 몰아서 괴롭히는 일이 반복된다. 그러다 보니 이는 정권교체라기보다는 적폐 교대인 셈이다. 그게 바로 우리가 산업화, 민주화를 넘어서 다른 시대로 발전하지 못하는 이유다.

· 더불어민주당 박주민 국회의원

당원이나 국민이 정책이나 미래에 관한 관심이 없다는 것이 현실이다. 뭔가 더 공격적으로 이야기하고, 날을 세우고, 갈등을 키우는 방식으로 이야기하는 사람들이 관심을 받고 자기 진영에서 박수를 받는다. 우리는 무조건 잘하고 있고, 저쪽은 무조건 나빠. 저건 상대해선 안 되는 놈들이야. 서로 이렇게 되면, 확증편향이 계속 증폭되고 강화된다. 여기서 오히려 균형감각을 갖자고 얘기하거나 정치는 좀 통합적이어야 한다고 얘기하는 사람은 이상한 사람이 된다.

• <팬엔드마이크> 정규재 주필

지금 양 진영의 비리가 터지는데 지지층은 더 결집한다. 국민이 증오와 분노로 가득 차 집단 패싸움을 대신해 줄 지도자를 세우고자 하는 충동을 느끼는 것이다. 시간이 흐른다고 해서 이 충동이 억제되고 정상적으로 대통령을 뽑는 프로세스로 갈 것이라는 가능성이 보이지 않는다. 이렇게 되면 민주주의가 깨진다. 민주주의는 굉장히 연약한 정치체제다.

• 국민의당 권은희 국회의원

대한민국 정치의 수준이 그렇다. 지역과 진영을 확대 재생산이라는 그런 모습만 보이고, 공익에 대한 고민과 공익을 추구하는 활동은 실종되어 있다. 이는 기본적으로 양당 기득권 구조에서 원인을 찾을 수 있다. 집권 여당이 되거나 집권 여당이 아니더라도 제1야당이 되는 기득권의 양당 구조 속에서 공익을 찾으려 노력하지 않고, 자신의 이익만 추구해도

입지가 보장되는 정치의 구조가 가장 큰 문제다. 또한, 국민이 정치에 더 관심을 가지고 매섭게 질타해주는 역할도 필요한데 그러기에는 제공되는 정보가 너무 부실하여서 정치를 깊고 폭넓게 접할 기회가 제공되어 있지 않다는 것도 원인 중 하나다.

· 송기인 신부

복수심이라는 감정은 반대로 자기가 사랑했던 사람에 대한 그리움을 이용하는 이기심에서 온다. 그리움이라는 감정은 복수로 해결하기 힘들다.

사실 정치의 극단화는 우리나라에서만 벌어지는 현상이라고 보기 어렵다. 전 세계적으로 확증편향에 의한 정치지형의 극단화 현상이 이미 진행 중이고, 미국도 도널드 트럼프Donald Trump[25]의 집권과 같은 현상으로 이어지기도 했다. 트럼프에 대한 평가가 다양하게 존재할 수 있겠지만, 적어도 우리나라에서는 비판적으로 바라보고 있음을 생각해 봤을 때, 우리가 저런 대통령의 탄생을 원하지 않는다면 트럼프 집권의 주요 원인 중 하나로 꼽히는 정

---

25) 도널드 트럼프(Donald Trump). 미국의 제45대 대통령.

치의 극단화와 진영논리에 관해서도 경각심을 가져야 할 것이다.

하지만, 왜 진영논리가 발생하느냐 혹은 심화하고 있느냐에 대해서는, 혹은 진영논리가 반드시 나쁜 것으로 치부될 수 있느냐에 대해서는 다른 의견을 제시한 예도 있었다.

진영논리를 바라보는 조금은 다른 생각

· 이재오 전 국회의원

진영이나 계파가 존재한다는 것 자체를 부정해서는 안 된다. 그것은 존재할 수밖에 없는 정치 현상이다. 좌파, 우파가 있고, 같은 진영 안에서도 여러 계파는 존재한다. 그러나 그것이 공존할 수 있어야 한다. 다만 너무 한쪽으로 치우치고 균형을 갖지 못하면 문제가 발생한다. 흔히들 새도 양 날개로 난다고 하듯이 한쪽만 계속 흔들면 한쪽 방향으로 돌기만 할 뿐, 정치도 마찬가지다. 그러한 균형감각 없이 혼자 다 해 먹으려고 하니까 난리가 나는 것이다.

언론 또한, 없는 계파도 만들고 없는 갈등도 만들어낸다. 예를 들자면, 대통령을 중심으로 한 계파는 대통령의 퇴임과 함께 사라진다. 하지만, 언론은 아직도 친이네 친박이네 한다. 편의상 그렇게 하는 것이 있을 수 있겠지만, 그렇게 분류하고 서로 싸우는 모습을 보여줘야 먹고 사니까 언론이 그렇게 만드는 것이다.

• <새날> 푸른나무 권현문 대표

진영논리라고 하는 것이 나쁜 이미지로 쓰인다. 하지만 민주주의는 진영이 제대로 갖추어졌을 때, 서로 옳다고 생각하는 가치를 가지고 싸울 때 발전하는 것이다. 한쪽 진영이 아직도 상당 부분 망가져 있다. 그 진영이 팩트 없는 선동만 계속하다 보니까 서로 주거니 받거니가 안 되는 것이다.

• 더불어민주당 박주민 국회의원

진영논리라는 게 어떤 절대적인 기준이 있는 게 아니라 이 진영이 하면 괜찮고, 저쪽이 하면 똑같은 일이라도 문제가 되고 이런 식으로 끝나는 것이다. 일종의 내로남불하고 비슷한 시각인데, 그것을 좋아할 국민은 없다. 하지만, 규칙이라는 것이 생성되고 작동되는 시스템의 흐름을 봤을 때 진짜 진영논리라고 비판받아야 하는 부분도 있지만, 분명히 차이가 있는데 차이가 없는 것처럼 얘기하면서 진영론이라는 프레임을 씌우는 경우들이 있다. 이를 분명하게 구분을 해줘야 하는 것이 언론의 역할이다. 국민은 언론이라는 매체를 통해서 정치를 접하는데, 세밀한 분석과 차이점을 구분해주는 작업에 필요한 공부가 부족한 것이 사실이다.

진영이나 계파는 존재할 수밖에 없고, 우리는 이를 인정해야 한다. 다만, 어떤 사안을 놓고 진영 간 혹은 계파 간 갈등이 발생했을 때 그것을 단순히 갈등 그 자체로만 바라보고 소비하는 것이 아니라 제대로 비교 분석해줄 수 있는 언론의 역할과 시민의 역량이 중요할 것이다. 하지만 이러한 역량이 하루아침에 키워지기도 힘들고, 정확한 정보 전달보다는 SNS를 통해 가짜뉴스가 전파되고, 확증편향과 상대방에 대한 적개심이 강화되는 방향으로 사회가 진화하고 있다.

진영논리를 이야기하다 보면 이념대립과 연관 지어 이야기하는 때도 있다. 인터뷰에 참여한 보수 패널들은 '좌파', '우파'라는 용어를 많이 사용하였고, 진보 혹은 민주

진영 패널들은 '진보', '보수'라는 용어를 주로 사용했다. 진영과 이념을 이야기하면서 상대 진영에 대해 부정적으로 한 이야기들을 그대로 옮길 필요는 없을 것 같다. 하지만, 실제로 이념논쟁이나 갈등이 실재하는지 혹은 대표정당들이 이념적으로 그렇게 큰 차이가 있는 것인지에 대해 회의적인 의견이 종종 등장했다.

• 조전혁 전 국회의원

좌파는 마음속 따뜻한 엄마, 우파는 엄격한 아버지 같은 존재라고 생각한다. 둘 다 필요한 존재이고, 이 둘의 균형을 잘 맞춰야 한다. 개인과 공동체의 관점에서 봤을 때, 개인의 자유 자체가 무한정 극대화될 수는 없기에 공동체를 위해서 위에서 어느 정도까지 희생해야 하느냐에 대한 부분이 있다. 희생일 수도 있고 양보일 수도 있다. 소위 우파에서 이야기하는 부분은 그런 침해가 최소화되어야 한다고 믿는 것이고, 좌파 쪽에서는 개인의 자유가 중요하긴 하지만, 공동체의 이익을 더 중시해야 한다는 것이다. 선악으로 판단을 다 할 수는 없는 것 같고, 기본적으로 성향의 문제인 것 같다. 누가 가르쳐줘서 되는 것도 아니고 커가면서 자신의 경험 등을 통해 아주 자연스럽게 선택하게 되는 것으로 생각된다.

• 더불어민주당 정성호 국회의원

진보냐, 보수냐, 중도냐 하는데 대한민국에서 양대 정당에는 그렇게 큰 차이가 존재하지 않고 정의당 정도가 약간 진보적인 정당이 아닌가 생각한다.

• 정의당 류호정 국회의원

진보나 보수는 어차피 상대적인 개념이다. 정의당의 처지에서 봤을 때는 양대 정당 모두 보수정당이다. 대한민국의 90%를 보수가 차지하고 있기에 문제라고 생각한다. 하지만 진짜 보수가 누구냐, 진짜 진보가 누구냐 하는 것들은 어차피 상대적인 개념이기 때문에 의미가 없다. 하지만 다양성이 확보되는 것은 매우 중요하다.

• 전우용 교수

이념대립이라는 것을 이야기하기에 앞서 우리의 복잡한 역사적 상황을 살펴봐야 한다. 예전에 임권택 감독이 과거 인터뷰에서 이렇게 이야기한 적이 있었다.

임 감독의 소학교 시절, 오늘의 초등학교에 다닐 때 운동장에서 우리말을 썼다가 선생한테 걸려서 호되게 맞았다. 8월 15일은 방학 중이어서 해방됐다고 어른들이 좋아하는데,

자신은 광복이 뭔지도 몰랐다. 광복이 뭔지 물어봤더니 어른들이 일본놈들 다 돌아간다고 해서 기뻤다. 제일 기뻤던 것은 이제 학교에서 자신을 때렸던 악질 선생을 안 볼 수 있겠다 싶어서였다. 광복됐으니 일본의 앞잡이였던 선생을 안 볼수 있겠다 싶었는데, 개학해서 와보니 그 선생이 여전히 떡하니 있었다. 해방되고 나니 신탁통치에 찬성하면 애국자, 반대하면 매국노로 새로운 분류법이 등장했다. 친일문제는 덮었고, 친일혐의를 받은 사람들은 애국 진영으로 자신의 모습을 바꾸며 생존의 길을 찾았다. 이후 벌어진 전쟁은 이념의 문제를 목숨의 문제로 바꿔놓았다. 살고 죽는 문제로 만들어서, 휴전선 이남에서 좌파로 분류되는 사람은 죽여도 되는 사람이 되었다. 연좌제도 남아 있어서 먼 친척이 그런 분류에 해당하게 되면 그야말로 패가망신을 하게 되었다.

이런 방식으로 해방 이후, 유럽이나 미국 등의 기준에서 좌파라 할 수 있는 사람들은 거의 멸종상태다. 사람들의 머리에서 벼룩을 없애듯 박멸당한 것이다. 그런데도 아직 좌파라는 용어가 사용된다. 이유는 기득권을 가진 사람들이 살아남는 방법으로 자신들을 반대하는 사람들, 자신의 비리라던가 비행을 지적하는 사람들을 좌파라고 부르는 것이 가장 효과적인 공격법이라는 것을 역사적으로 체화했기 때문이다.

대한민국에서의 이념 갈등은 심각하지 않다. 이념은 어차피 똑같다. 민주주의, 자유시장 경제, 상대적 복지 확대, 가난하거나 사회적 약자에 대한 배려. 이걸 거부하는 사람은 없다. 이념 갈등이 존재한다는 식의 담론은 합리적이지 않은 프레임 작업에 불과하다.

87년 이후로 보자. 각 당의 정강. 정책을 놓고 유럽이나 미국에 숙제로 던져놓으면 경제학자들이나 정치학자들은 성향적으로 조금 진보적이거나 조금 보수적으로만 평가할 수 있을 뿐이다. 이건 이념 대립이 아니다.

이념대립에 대한 회의론을 적고 있는 이 시점에 유명 대기업 사주가 '멸공'을 외치고, 정치인들은 그에 호응해 캠페인을 벌이고 있다. 그것이 국민의 삶과 무슨 관계가 있는지에 대해서 인터뷰를 통해서 파악할만한 내용을 찾지 못했다. 현 시대정신과 맞는지는 회의적이고, 오히려 퇴보한 측면도 느껴진다.

다시 인터뷰로 돌아와, 이념대립이라는 것이 존재하지 않고, 인위적으로 만들어진 것이고, 진영논리도 여론이 조장하는 측면이 있다손 치더라도 현실에서는 그것을 둘러싼 사회갈등이 커지고 있다는 점을 부정하기는 어려울 것이다. 실제로 최근 우리나라 갈등지수는 OECD 3위,

갈등관리능력은 OECD 하위권인 것으로 나타났다.[26] 단순히 언론의 문제나 국민 수준의 문제로 치부하고 그것의 개선을 당장 기대하기 어렵다면 더 나은 정치지형에서 좋은 대통령을 만들기 위한 제도적 방법은 어떤 것들이 있을까?

진영논리 해소와 타협의 정치를 위한 대안

· 더불어민주당 정성호 국회의원

현재 대한민국은 국민의 정치적, 정책적 의사가 국회의원 의석 배분에 그대로 반영되고 있지 않다. 지난 총선에서 범민주당이 180석 가까이 얻었지만, 득표율은 40%대였다. 그랬음에도 불구하고 전체 의석에서 60%를 얻은 것이다. 우리가 소선거구제[27], 단순 다수제[28]를 채택하다 보니 한 표라

---

26) 전국경제인연합회(전경련)가 한국보건사회연구원의 '사회갈등지수 국제비교 및 경제성장에 미치는 영향' 보고서(2014)를 차용, 경제협력개발기구(OECD) 30개 회원국을 대상으로 정치·경제·사회 분야를 종합해 '갈등지수'를 산출한 결과. 대한민국은 갈등을 관리하기 위한 제도적/재정적 인프라 수준을 의미하는 '갈등관리지수'에서 2019년 기준 OECD 23위를 기록했다.

27) 소선거구제. 하나의 선거구에서 1명의 당선자를 선출하는 선거제도이다.

28) 단순다수제. 하나의 선거구에서 가장 많은 표를 얻은 후보를 당선자로 정하는 선거제도로 소선거구제에 기반한다.

도 더 얻은 사람이 승리하게 되고, 나머지 찍지 않은 분들의 대표성이 반영이 안 된다. 그것이 결정적인 문제다.

한국 정치가 양 진영 간의 싸움으로 나뉘게 된 결정적인 원인도 여기에 있다. 딱 진영논리에 근거해서 상대방을 적으로 규정하고 전선을 구축해 싸우면서 타협할 수 없는 정치형태를 만들어낸 것이다. 선거제도 개혁을 위한 몇 차례의 시도가 있었지만, 번번이 실패했다. 결국, 민주당도 기득권이다 보니 그렇게 되는 측면도 있다. 그런 의미에서 단순 다수대표제 소선거구제는 바뀌어야 한다. 이러기 위해서는 비례대표제를 강화해 다당제로 나아가야 한다. 이렇게 되면 대통령이나 정당들이 입법권을 행사하려고 할 때, 대화하고 타협할 수밖에 없게 된다.

· **국민의당 권은희 국회의원**

다양한 정치세력이 생존하기 힘든 것은 기회의 불균형에 있다. 이른바 87년 체제의 대안을 찾기 위해서는 현재의 소선거구제와 상대다수득표제[29]29를 중대선거구제[30] 등을 통

---

29) 상대다수득표제. 단순 다수제와 같은 의미로 다수 요건에 관해서 단지 다른 후보들보다 1표라도 많은 득표만 하면 되는 선거제도이다.

30) 중대선거구제. 한 선거구에서 1명의 대표를 선출하는 소선거구제와 달리 선거구를 더 넓히고 그 안에서 다수의 대표를 선출할 수 있도록 하는 선거제도이다.

해서 조금이라도 다양한 민심이 표심으로 반영될 수 있도록 해야 한다.

· **더불어민주당 박용진 국회의원**

선거제도의 변화는 필요하다. 다른 것을 다 떠나 국민의 지지가 의석에 가장 잘 반영되도록 해야 한다. 선거제도가 단순 다수대표제니까 한 표만 더 얻어도 당선이 된다. 이런 불안한 정치제도를 바꾸기 위한 정치적 합의가 빨리 이루어져야 한다. 이 문제가 빨리 해결되지 않으니 더불어민주당도 국민의힘도 자신들이 내세우는 정강 정책에 부합하는 정책을 내세운다고 보기 어렵게 된다. 더불어민주당의 경우를 예로 들면, 개혁정당이자 진보적 의식을 가진 정당을 표방하지만, 사회경제적으로는 주류의 입장 혹은 중도보수의 태도를 보인다. 집권 여당이기 때문에 갖는 책임감 때문인 것도 분명히 있다. 하지만, 선거에서 가장 유리한 포지션을 취하고 있는 것도 사실이다. 선거제도가 바뀌면 이런 문제가 각 정당이 신념과 철학을 갖고 개발한 정책들로 경쟁할 수 있는 환경이 조성된다.

결국, 사회갈등과 진영논리, 제왕적 대통령의 문제까

지도 시스템적으로 개선할 방법에 대해서 정당과 진영을 불문하고 공감대가 어느 정도 형성되어 있음을 확인할 수 있다. 하지만, 앞서 〈제왕적 대통령〉 부분에서도 다룬 문제가 이번 장에서도 등장한다. 바로, 정치개혁의 결과가 정치개혁을 진행해야 할 당사자의 이해관계와 배치된다는 점이다. 현행 시스템을 유지하는 것이 그들의 이해관계에 더 부합한다. 다양성보다는 진영논리와 선악 구도, 흑백논리로 세상을 바라보게 하는 것이, 양대 권력에 유리하다. 이를 '적대적 공생관계'라 부른다. 우리는 이런 적대적 공생관계의 모습을 2020년 제21대 국회의원 선거에서 적나라하게 목격했다. 준연동형 비례대표제[31]를 통한 국회의 다양성을 확보하겠다고 했던 국회의 선거법 개정은 국민의힘당시 미래통합당이 법의 허점을 이용한 위성 정당을 만들면서 무력화되었고, 여기에 더불어민주당도 맞불을 놓으며 본래의 취지가 완전히 사라져버렸다.

---

31) 준연동형 비례대표제. '연동형'은 '비례대표 의석이 지역구 의석과 정당 득표에 맞춰 연동 한다'는 의미로 쉽게 말해 지역구 의석은 적지만, 정당 득표는 많은 정당을 배려하는 투표제도다. 더불어민주당이 정의당, 민주평화당, 대안신당(민생당의 전신) 등과 합의하는 과정에서 비례대표 의석을 47석으로 종전처럼 유지하되, 이 중 30석을 정당 득표율에 따라 맞춰주는 연동형 캡 안에 넣었고, 그 반영률도 연동형의 절반인 50%만 반영하기로 해 준연동형 비례대표제가 탄생했다.

물론, 그렇다고 모든 것을 양비론 양시론[32]으로 보는 것도 주권자로서의 판단을 포기하는 결과가 될 것이다. 대통령과 관련한 정치 전반을 다루면서 뭐가 공통점과 차이점을 비교 분석해 국민에게 제공하는 언론의 기능이 아쉽다는 주장을 심심치 않게 발견할 수 있었다. 국민도 기사의 제목만 보고 판단하는 습성이라던가, 진영 논리적 시각으로 사안을 바라보는 모습을 종종 보이기 때문에 이를 일방적으로 누구의 책임이라고 돌리기도 어려운 상황인 듯 보인다.

그런데도, 국민의 목소리가 더 잘 반영되고 대표성을 확대하는 방향으로 국회는 진화하고 있다는 점도 부정해서는 안 된다. 언론이 제대로 된 역할을 못 해 '언론개혁'에 대한 요구가 커지고 있기는 하지만 이마저도 과거의 언론과 비교해 훨씬 나아진 것이다. 국민의 주권도 강화되었고, 적극적 참여율도 높아졌으며, 민주주의에 대한 이해도나 정보처리 수준도 엄청나게 올라갔다. 우리의 피부로 와 닿지 않아 변화가 더디게 느껴질 수 있지만, 전

---

32) 양비론 양시론. 대립하는 두 의견에 대하여 모두 틀렸다고 말하는 양비론과 모두 맞았다고 말하는 양시론을 합친 단어이다.

세계적으로 우리만큼 민주주의가 빠르게 발전하는 국가
도 별로 없다.

• **<윈지코리아컨설팅> 박시영 대표**

92년 당시만 해도 언론이 자유롭지 못했다. 지금도 마
찬가지로 보이는 측면이 있겠지만, 그때는 굉장히 심했
다. 진실 보도 같은 건 기대하기 어려운 환경이었다.

또한, 민주주의의 발전을 요구하면서 타협과 조정의
과정을 생략하려고 하는 것도 모순이다. 민주주의의 발전
은 원래 더디고, 오히려 더뎌야 하는지도 모른다. 더 다양
한 민의가 반영되고, 갈등과 분열, 독선이 아닌 타협과 조
정의 정치를 바란다고 하면 기다릴 줄 아는 여유도 그만
큼 중요해진다. 과단성과 추진력을 갖추면서 동시에 타협
과 조정을 잘하는 대통령이 좋은 대통령이라고 한다면 그
어깨가 아주 무거울 수밖에 없고, 그 무게를 덜어줄 시스
템과 국민의 참여만이 그 정권을 지탱해줄 수 있는 것이
아닐까?

조심스럽게 생각해 본다.

우리가 더 좋은 대통령을 가지려고 혹은 만들어내기 위해서 절대 빼놓을 수 없는 것이 바로 선거다.

87년 직선제 개헌 이후 우리가 발전시켜나가고 있는 대통령 선거는 어떤 모습일까?

11.
대통령선거
선택의 시간

이제까지 우리는 어떻게 하면 대한민국이 더 좋은 대통령을 가질 수 있을지에 대한 방법들을 고민해왔다. 대통령의 잔혹사도 살펴보았고, 제왕적 대통령의 문제도 짚어봤으며, 대통령의 성공요건도 살펴보았고, 대통령을 배출하는 정당과 진영의 중요성도 다루었다. 하지만 현행 헌법 체제하에서 어떤 사람이 대통령이 되는지를 결정하는 것은 결국, 선거라는 제도를 통한 국민의 선택일 뿐이다.

87년 직선제가 다시 실시되고 2,300만 명 이상, 2012년 제18대 대선부터는 3,000만 명 이상이 참여하고 있는 대한민국 최대의 행사다. 2002년 제16대 대선을 제외하고, 모든 대선에서 70% 이상의 유권자들이 참여하고 있음을 생각해보면 우리가 이 행사를 얼마나 중요하게 여기고 있는지 알 수 있다.

그렇다면 선거라는 것이 우리에게 어떤 의미가 있는가? 투표장을 향하는 우리의 마음은 어떤가? 우리는 어떤 생각으로 투표에 참여해야 하는가? 꼭 투표해야 하긴 하는가?

우리는 우선 패널들에게 첫 투표 경험에 관한 이야기를 들어봤다. 전체 패널 중 87년 직선제 도입 이전 대통령 선거에서 투표권을 갖고 있던 인물은 1938년생 송기인 신부와 1945년생 이재오 전 국회의원이다. 하지만, 이재오 전 국회의원은 수감생활로 인해 투표에 참여하지 못했고, 실제 선거에 참여했던 인물은 송기인 신부가 유일하다. 그리고 가장 최근이 첫 투표인 후보는 류호정 국회의원으로 2012년 대선이 처음이라 말했다. 4.19에도 참여한 바 있는 송기인 신부에게 해방 후 맞이하는 대통령 선거는 어떤 의미였을까?

· 송기인 신부

첫 투표가 63년 때였던 것 같다. 신비롭고 이상한 경험이었다. 이렇게 투표를 해서 내 손으로 대통령을 뽑을 수 있다는 것은 우리나라 국민 정서에는 매우 생소한 것이었다. 이상하긴 하지만, 그러면서 배우는 거다. '우리가 많이 투표하니까, 지지하는 사람이 많으니까 되는구나.' 이런 공부에도 상당한 시간을 필요로 하는 것 같다. 당장 국민 수준이 올라가는 게 아니고 투표를 하면서 자꾸 배워나가니 지금은 여론이 좌지우지할 수 있는 사회가 된 것이다. 이제는 그 어떤 세력이 독재하고 싶어도 할 수 없는 민주주의 사회를, 그런 경험의 축적을 통해 만들어냈다고 생각한다.

　수많은 이들의 희생과 87년 6월 항쟁으로 직선제 개헌을 다시 쟁취한 대한민국 국민은 그해 12월 16일, 16년 만에 자신의 손으로 대통령을 뽑을 기회를 얻게 되었다. 패널 대부분이 당시의 기억을이 있었으며 주로 민주주의에 대한 열망을 이야기했다.

　"성인이 되고 나서 대통령을 처음 뽑는 거니까. 그만큼 막중한 책임감도 생기고, 그만큼 저희가 이 사람을 잘 뽑아야겠다는 의무감도 생기는 것 같아요."

〈대한민국 대통령 中〉

· 더불어민주당 정성호 국회의원

1987년 12월에 처음 투표했다. 당시 사법연수원생으로 6.10항쟁에 참여했고, 국민의 힘으로 처음으로 직선제 개헌을 이루어냈다. 선거에 처음으로 임하면서 이번에 정말 군사독재가 끝나고 민주주의를 실현할 수 있는 그런 대통령이 나왔으면 좋겠다는 마음으로 투표한 기억이 있다. 물론, 결과는 좋지 않았다.

· 서민 교수

87년에 처음 투표했다. 그땐 정치에 하나도 관심이 없었지만, 대학생이던 당시 분위기가 김영삼, 김대중 중 한 분을 뽑아야 한다는 분위기였다. 그런 분위기도 있고, 고향이 전라도여서 그런지 김대중 대통령을 좋아했다. 당시의 바램은 다른 거 없었다. 군부독재를 끝내주길 바랐다. 사실, 지나고 보니까 이미 직선제가 되었기 때문에 노태우 대통령도 같은 조건에서 경쟁했고, 그걸 군부독재라고 할 수는 없을 것 같다. 하지만 선거에서 노태우 대통령이 이기자 많은 대학생이 군부독재가 연장되었다는 식으로 얘기를 많이 했다. 하지만 지나고 보니까 그때가 절차적 민주주의가 시작된 첫해였다. 그 선거에 투표했다는 것이 어떻게 보면 뿌듯하다.

· **더불어민주당 김민석 국회의원**

87년, 김영삼, 김대중 두 분이 갈라지셔서 내 딴에는 얄미워 수감 중에 백기완 선생한테 영치금 빼서 후원금을 보냈다. 그런데 뭐가 된다고 한다기보다 어떻게 해서든 단일화가 되었으면 좋겠다는 마음이었다.

※참고로 1987년 제13대 대통령선거는 민주정의당 노태우 후보가 36.64%, 통일민주당 김영삼 후보가 28.03%, 평화민주당 김대중 후보가 27.04%를 얻어서 노태우 후보가 역사상 최저 득표율로 대통령에 당선되었다.

투표에 대한 경험을 이야기할 때, 꼭 투표장을 향하기 전의 감정이나 꼭 이루고자 하는 대의만이 존재하는 것은 아니다. 송기인 신부처럼 투표라는 행위 자체에 대해 신기하거나 설레었던 기억일 수 있고, 결과에 대한 만족 혹은 충격의 기억일 수 있다.

· **정의당 류호정 국회의원**

2012년 대선이었다. 첫 투표여서 굉장히 설레는 마음으로 투표장에 가던 기억이 난다. 투표장이 어디지? 어떤 식으

로 해야 하지? 준비물은 뭐가 필요하지? 이렇게 확인을 하
고, 대통령 공보물이라든지 토론회도 좀 살펴보고. 첫 투표
여서 더 그랬던 것 같다.

• 더불어민주당 신정현 도의원

2007년 대선에 투표했던 순간도 당연히 기억이 나지만,
투표했던 순간보다도 당선 결과가 나는 그 순간이 더 기억
이 너무 생생하다. 될 거로 생각하지 않았기 때문에 그 감
격과 감동은 엄청났고, 돼야어 할 사람이 돼야 한다는 나의
소신, 그런 사람에게 표를 줘야 한다는 나의 신념이, 여기
서 뭔가 증명된 것 같다는 느낌 때문에 뿌듯해했던 기억이
난다.

• 더불어민주당 박용진 국회의원

92년 대통령선거에 단순히 투표만 한 것이 아니고, 투표행
위를 조직하는 역할도 했다. 착한 사람들, 노동자와 서민들이
힘을 모아 후보를 세우면 박수도 받고 표를 몰아줄 것으로 생
각했다. 그래서 너무도 기쁘게 일을 했는데, 선거 결과가 1%

인가 그랬다. 너무 충격이 컸고, 지금도 잊지 못한다.[33]

    너무나도 빠르게 바뀌는 대한민국 사회에서 어떤 시대에 처음 투표를 하느냐에 따라서, 그리고 그 결과가 어땠느냐에 따라서, 내가 지지하는 후보가 누구냐에 따라서 그 의미가 많이 달랐을 것이다. 물론, 패널로 분류된 사람들은 정치 관여 층이라 일반 시민들보다는 '대의'나 '가치'에 투표했을 가능성이 크다. 하지만, 첫 투표가 늦은 사람일수록 '대통령', '민주주의', '선거'와 같은 개념들이 비교적 당연하게 느껴졌으리라 짐작해볼 수 있다. 그만큼 우리 사회가 많은 경험을 축적해왔고 민주주의의 수준을 높이려는 노력을 해왔기 때문이다. 그렇다면 대한민국 대통령선거의 역사를 돌아보고 우리 선거 시스템이 어떻게 변화해왔는지 살펴보자.

---

33) 여기서 후보는 백기완 후보를 말한다.

역대 대한민국 대통령 선거결과와 임기

대	대통령	임기	득표율	소속정당
1	이승만 이승만 이승만	1948년 7월 24일 ~ 1952년 8월 14일	1948년 - 91.8% (국회간선)	대한독립촉성국민회 (1948~1951) 자유당
2		1952년 8월 15일 ~ 1956년 8월 14일	1952년 - 74.6%	(1951~1960) 대한독립촉성국민회 (1948~1951)
3		1956년 8월 15일 ~ 1960년 4월 27일	1956년 - 70.0%	자유당 (1951~1960) 대한독립촉성국민회 (1948~1951) 자유당 (1951~1960)
허정 외무부 장관이 권한대행 (1960년 4월 27일 ~ 1960년 6월 15일)				
곽상훈 민의원 의장이 권한대행 (1960년 6월 16일 ~ 1960년 6월 23일)				
허정 국무총리가 권한대행 (1960년 6월 23일 ~ 1960년 8월 7일)				
백낙준 참의원 의장이 권한대행 (1960년 8월 8일 ~ 1960년 8월 12일)				
4	윤보선	1960년 8월 12일 ~ 1962년 3월 22일	1960년 - 79.1% (국회간선)	민주당 (1960) 무소속 (1960~1962)
5	박정희 박정희 박정희 박정희 박정희	1963년 12월 17일 ~ 1967년 6월 30일	1963년 - 46.6%	민주공화당 민주공화당 민주공화당 민주공화당 민주공화당
6		1967년 7월 1일 ~ 1971년 6월 30일	1967년 - 51.4%	
7		1971년 7월 1일 ~ 1972년 12월 26일	1971년 - 53.2%	
8		1972년 12월 27일 ~ 1978년 12월 26일	1972년 - 99.9% (대의원 간선)	
9		1978년 12월 27일 ~ 1979년 10월 26일	1978년 - 99.8% (대의원 간선)	
최규하 국무총리가 권한대행 (1979년 10월 26일 ~ 1979년 12월 6일)				

10	최규하	1979년 12월 6일 ~1980년 8월 16일	1979년 - 96.3% (대의원 간선)	무소속
박충훈 국무총리 서리가 권한대행 (1980년 8월 16일 ~ 1980년 8월 27일)				
11	전두환	1980년 8월 27일 ~1981년 2월 24일	1980년 - 99.4% (대의원 간선)	무소속 (1980~1981) 민주정의당 (1981~1988)
12		1981년 2월 25일 ~1988년 2월 24일	1981년 - 90.1% (선거인단 간선)	무소속 (1980~1981) 민주정의당 (1981~1988)
13	노태우	1988년 2월 25일 ~1993년 2월 24일	1987년 - 36.6%	민주정의당 (1988~1990) 민주자유당 (1990~1992) 무소속 (1992~1993)
14	김영삼	1993년 2월 25일 ~1998년 2월 24일	1992년 - 42.0%	민주자유당 (1993~1995) 신한국당 (1995~1997) 무소속 (1997~1998)
15	김대중	1998년 2월 25일 ~2003년 2월 24일	1997년 - 40.3%	새정치국민회의 (1998~2000) 새천년민주당 (2000~2002) 무소속 (2002~2003)

16	노무현	2003년 2월 25일 ~ 2004년 3월 12일	2002년 - 48.9%	새천년민주당 (2003) 무소속 (2003~2004)
		고건 국무총리가 권한대행 (2004년 3월 12일 ~ 2004년 5월 14일)		
		2004년 5월 14일 ~ 2008년 2월 24일	탄핵소추기각	무소속 (2004) 열린우리당 (2004~2007) 무소속 (2007~2008)
17	이명박	2008년 2월 25일 ~ 2013년 2월 24일	2007년 - 48.7%	한나라당 (2008~2012) 새누리당 (2012~2013)
18	박근혜	2013년 2월 25일 ~ 2017년 3월 10일	2012년 - 51.6%	새누리당 (2013~2017) 자유한국당 (2017)
		황교안 국무총리가 권한대행 (2016년 12월 9일 ~ 2017년 3월 10일)		
		황교안 국무총리가 권한대행 (2017년 3월 10일 ~ 2017년 5월 10일)		
19	문재인	2017년 5월 10일 ~ 2022년 5월 9일	2017년 - 41.1%	더불어민주당

※ 색으로 표시된 부분 - 직접선거를 통해 대통령을 선출한 경우다.
※ 표에는 표시되지 않았지만, 역대 대통령선거 중 취소된 선거는 1960년 3월 15일 치러진 제4대 대통령 선거가 유일하다. 3.15 부정선거[34]로 알려진 그 선거 맞다.

---

34)   3.15 부정선거. 1960년 3월 15일 치러진 부정선거로 부정부패로 민심을 잃어가던 자유당 정권은 이 사건을 계기로 4.19 혁명을 맞고 몰락했다.

종합해보면 우리는 총 12번3.15 부정선거 포함하면 13번의 직접선거를 통해 대통령을 선출했다. 12명의 대통령 중 단 한 번도 직선으로 뽑히지 않은 대통령은 윤보선, 최규하, 전두환이고, 일시적이든 영구적이든 대통령 자격을 잃은 대통령은 무려 5명이나 되었다. 그 때문에 권한대행도 7명이나 된다. 그야말로 대통령 관련해서는 너무나도 역동적인 나라이기 때문에 그만큼 투표의 중요성도 그만큼 크다고 할 수 있다.

대통령선거 결과와 관련된 몇 가지 사실들을 나열해보자면

■역대 대통령선거에서 가장 적은 표차를 기록한 것은 제5대 대통령선거로 박정희와 윤보선 당시 후보의 표차는 15만 6,026표였고, 득표율 차는 약 1.50%였다.

■가장 큰 표차를 기록한 선거는 제19대 대통령선거로 문재인과 홍준표 당시 후보의 표차는 557만 951표였고 득표율 차는 약 17.10%였다.

■가장 큰 득표율 차를 기록한 선거는 제2대 대통령선거로 이승만과 조봉암 당시 후보의 표차는 63.2%였다.

■등록기준 가장 많은 후보가 출마한 선거는 제19대 대통령선거로

15명이 출마했다.

■전두환의 두 번째 임기부터 대통령의 임기가 2월 25일에 시작했기에, 투표가 겨울에 치러졌지만, 박근혜 대통령의 탄핵으로 문재인 대통령의 임기가 5월 10일부터 시작하면서 2022년 대선은 3월 9일에 치러지게 되었다. 임기 만료에 의한 대선일은 법정 공휴일이고, 대통령의 임기 만료일 70일 전부터 첫 번째로 돌아오는 수요일에 선거를 시행한다.

사람마다 투표라는 행위에 참여하는 이유도 다양하고, 참여하지 않는 이유도 다양할 것이다. 어떤 사람에게는 투표 참여가 당연하고, 어떤 사람에게는 시간 낭비라 여겨질 것이다. 그렇다면 대통령선거에 참여한다는 것은 어떤 것인지를 더 알아보자.

대통령의 선출과 관련해서 우리 헌법은 다음과 같이 규정하고 있다.

제24조

모든 국민은 법률이 정하는 바에 의하여 선거권을 가진다.

제67조

대통령은 국민의 보통·평등·직접·비밀선거에 의하여 선출한다.

5. 대통령의 선거에 관한 사항은 법률로 정한다.

제68조

대통령의 임기가 만료되는 때에는 임기만료 70일 내지 40일 전에

후임자를 선거한다.

대통령이 궐위된 때 또는 대통령 당선자가 사망하거나 판결 기타의

사유로 그 자격을 상실한 때에는 60일 이내에 후임자를 선거한다.

제24조에서 '선거권'을 갖는다는 '모든 국민'은 정말로 '모든 국민'을 의미하는 것이 아니다. 법률로 정하는 바에 의하여 선거권을 갖는 것이다. 선거권을 갖는 연령은 건국 초기에는 21세였고, 1960년에 20세로 낮아졌으며, 2005년에 19세로 낮춰진 이후 2019년 12월 27일 공직선거법 개정을 통해 2022년 제20대 대통령선거부터 선거일 현재 18세로 정해졌다.공직선거법 제15조 제1항, 제17조

다만, 선거일 현재 다음의 어느 하나에 해당하는 사람은 선거권이 없다. 같은 법 제18조 제1항

■금치산선고를 받은 자

■1년 이상의 징역 또는 금고의 형의 선고를 받고 그 집행이 종료되

지 아니하거나 그 집행을 받지 아니하기로 확정되지 아니한 사람. 다만, 그 형의 집행유예를 선고받고 유예기간 중에 있는 사람은 제외한다.

■ 다음과 같은 자

- 선거범. 즉, 공직선거법 위반죄나 국민투표법 위반죄를 범한 자(같은 조 제2항)

- 정치자금부정수수죄(정치자금법 제45조) 및 선거비용 관련 위반행위에 관한 벌칙(같은 법 제49조)에 규정된 죄를 범한 자

- 대통령·국회의원·지방의회의원·지방자치단체의 장으로서 그 재임중의 직무와 관련하여 뇌물죄를 범한 자로서, 100만원 이상의 벌금형의 선고를 받고 그 형이 확정된 후 5년 또는 형의 집행유예의 선고를 받고 그 형이 확정된 후 10년을 경과하지 아니하거나 징역형의 선고를 받고 그 집행을 받지 아니하기로 확정된 후 또는 그 형의 집행이 종료되거나 면제된 후 10년을 경과하지 아니한 자(형이 실효된 자도 포함한다)

■ 법원의 판결 또는 다른 법률에 의하여 선거권이 정지 또는 상실된 자

대충, 중죄를 저질렀거나 선거범죄를 저지르거나, 정치인으로서 큰 죄를 짓지 않았으면 누구나 투표를 할 수

있는 것이다. 이는 재소자도 마찬가지다.[35)]

선거권을 행사하는 것이 투표일에 투표장에서 투표행위를 하는 것만 생각하는데, 선거권을 행사하는 것을 더 쉽게 하기 위한 노력이 있었고 그로 인해 다양한 제도가 탄생했다.

· **거소투표**

투표소에 직접 가지 않고 우편으로 투표할 수 있는 부재자 투표의 한 종류로 선관위에서 공직선거법 상으로 지정한 사유가 있는 사람에 한해 거처하는 곳에서 투표할 수 있는 투표방식이다.

선거공고일 현재 영내 또는 함정에서 장기 기거하는 군인, 병원·요양소·수용소·교도소 또는 선박에 장기 기거하는 사람, 사전투표소 및 투표소에 가기 어려운 멀리 떨어진 외딴 섬 중 중앙선거관리위원회 규칙으로 정하는 섬에 거주하는 사람, 신체에 중대한 장애가 있어 거동할 수 없는 사람, 부재자투표소를 설치할 수 없는 지역에 장기 기거하는

---

35) 영화에서 더불어민주당 김민석 국회의원, 정의당 심상정 대통령 후보, 이재오 전 국회의원이 수감되었거나 수배중이라 투표를 못했다고 말하는 것은 이 제도로 인해 선거권이 없었기 때문이다.

사람에게 거소투표가 허용된다.

거소투표를 신청하게 되면 등기로 투표용지를 수령하여 투표용지에 기표하여 발송용 봉투에 봉인하고 근처 우체국이나 우편함을 통해 발송하면 된다. 투표일 투표 마감시각 전까지 관할 선거관리위원회에 도착한 분에 한해 유효표로 인정받아 개표가 가능하다.

· **선상투표**
2005년 8월 18일 원양업계 선원들이 공직선거법의 부재자 투표 규정이 선원들에 대한 부재자투표에 관한 절차와 방법을 규정하고 있지 않아 선거권과 평등권이 침해된다 하여 헌법소원을 통해 법을 개정해 쟁취한 권리다.

대한민국 국적을 보유한 선장이 운항하는 외항 선박에서 승무 중인 선원들만 투표할 수 있으며, 각 선거별로 정해진 기한에 선상투표 신고를 한 후, 각 선거별로 정해진 기한에 선상투표를 한 후, INMARSAT[36] 팩시밀리 단말기로 전송하

---

36) INMARSAT. 국제해사위성기구(International maritime satellite organization)의 줄임말로 인공위성을 이용한 통신 서비스 중 하나이다.

면 된다. 투표지 원본은 국내 도착 후 우편으로 발송하여야 한다.

2012년 제18대 대통령 선거부터 도입되었고, 2020년 제21대 국회의원 선거부터는 일반 팩시밀리 뿐만 아니라 전자 팩시밀리를 이용하여 선상투표에 참여할 수 있게 되었다.

· **재외국민 투표**

대한민국은 1967년부터 1971년까지 파독 광부와 간호사 등을 위해 해외 부재자 투표의 방식으로 재외선거를 시행하였으나 1972년 10월 유신 선포 이후 재외선거 제도가 폐지되었다. 2004년 재외선거를 하지 않는 건 위헌이라고 주장하며 헌법소원이 제기되었고, 헌법재판소에서 공직선거법에 헌법불합치 판결을 내리면서 2009년 재외국민 선거제도가 도입되었다. 2012년 제19대 국회의원 선거 때부터 적용되어 현재까지 운영 중이다.[37]

재외국민선거는 크게 국외 부재자 투표와 재외선거인투

---

37) 영화에서 <펜앤드마이크> 정규재 주필이 소련 특파원으로 나가 있어서, 투표를 못 했다는 것은 당시 이 제도의 역사를 반영한 것이다.

표로 나뉜다. 국외 부재자는 해외 체류 대한민국 국적자 중 국내에 주민등록, 국내 거소등록이 되어있는 사람을 말한다. 즉 유기적으로 나가 있는 국외 상사원, 유학생, 여행자들은 국외 부재자로 신청하면 된다.

재외선거인투표는 국내에 거소신고도 되어있지 아니하고 주민등록이 되어있지 않으며 국적만 대한민국으로 유지하고 있는 사람을 가리킨다. 즉, 일반적으로 타 국가의 비자나 영주권을 가지고 있는 대한민국 국민을 가리킨다. 다만 영주권 보유자가 무조건 재외선거인이 되는 것은 아니다. 주민등록 말소로 인한 불편함을 피하기위해, 혹은 해외 영주권은 사업 등의 이유로 보유만 하고 있고 실거주는 국내에서 하는 등의 이유로 해외 영주권과 국내 주민등록을 동시에 유지하는 사람도 많다.

재외공관에서 투표를 하려면 대통령 선거는 선거일 40일 전, 국회의원 선거는 60일 전까지 이하의 방법으로 국외부재자 신고를 해야 한다.

①중앙선관위 홈페이지, ②우편, ③재외공관 방문, ④지역을 순회하는 공관 직원에게 서면 신고, ⑤해당 거주국의

재외공관이 지정한 전자 메일주소로 본인명의 전자메일 주소로 메일을 보내서 국외부재자를 신고.

• **사전투표**

선거 당일 투표가 어려운 유권자가 별다른 신고 없이 본 선거일 이전에 투표하는 제도로 대한민국 투표 역사에 가장 큰 혁신을 불러온 제도라 할 수 있다.

기존의 부재자 투표를 대체하게 되었는데, 부재자 신고를 하지 않아도 되도록 통합선거인명부에 입각하여 전국 읍, 면, 동 단위로 사전투표소를 설치, 선거권을 행사하도록 하고 있다. 전국 단위의 선거 전산망을 이용하므로 본 투표와 마찬가지로 공인된 신분증만 들고 가면 꼭 자기 동네가 아니라 전국 어디에서도 투표가 가능하다. 이러한 편리성 때문에 2013년에 치러진 2013년 상반기 재보궐선거에서는 투표율 1/5가량을 담당했으나, 점점 사전투표제에 대한 국민들의 인지도가 높아지면서 최근에 진행된 두 선거인 제19대 대통령 선거와 제7회 전국동시지방선거에서는 사전투표율이 총 투표율의 1/3 정도를 차지했다.

이렇게 국민의 의사를 최대한 반영하기 위한 선거제도

개선은 더디지만 꾸준히 이루어지고 있다. 2022년 대통령선거 관리에 투입되는 예산은 역대 최대 규모인 2836억이 배정되었고, 이는 2017년 대선과 비교해 768억 원이 증가한 것이다. 그렇다면 투표라는 것이 대체 어떤 의미가 있길래 국가적으로 막대한 자금을 써가며 투표를 장려하고 제도를 정비하는 걸까?

투표의 중요성에 대해서는, 교과서에서도 늘 가르치곤 하지만, 패널들은 교과서에 나오는 내용 외의 이야기를 많이 해주었다.

· 더불어민주당 박주민 국회의원

우리나라에서는 안타깝게도 국민이 집단적으로 그리고 아주 집합적으로 정치적 의사를 표현할 수 있는 계기 또는 그런 것들을 만들어내는 재료가 별로 없다. 그런 제도가 선거 정도 말고는 별로 없다. 그런 선거 중에서도 대통령선거는 가장 큰 선거다. 이런 선거를 통해서 국민이 몇 년에 한 번씩 그동안 쭉 사회와 문화와 또 본인의 삶을 지켜보면서 고민하셨던 내용이 아주 집단적으로 집합적으로 표출이 되는 것이다. 그러면서 앞으로 우리 사회는 이렇게 가야 한다.

동시에 과거 몇 년 동안은 이런 부분이 잘못되었다는 것을 말씀하시는 것이다. 그러면서 우리 국민의 시대정신이 반영되는 것이다.

• 정의당 류호정 국회의원

바뀌어야 한다고 생각한다면 투표가 가장 빠른 길이다. 어제와 다른 오늘, 오늘과 다른 내일을 바란다면 투표해야 한다. 정치인이 가장 무서워하는 것은 '여론'이다. 그것이 가장 잘 드러나는 것이 투표결과다. 나를 가장 잘 대변한다고 생각하는 사람에게 적극적으로 투표권을 행사하면 정치인들은 화들짝 놀라서 일하게 될 것이다.

> "이전 대통령과는 당연히 달라야 하고, 또 변화가 있어야 우리가 뽑아주죠. 계속 똑같으면 뭐하러 뽑겠어요. 변화가 있어야 뽑죠. 좋은 대통령이 당선 되든, 나쁜 대통령이 되든 우리 손으로 뽑아야지 나중에 말이 없잖아요."
>
> <대한민국 대통령 中>

• 이재오 전 국회의원

뽑아놓고 욕을 할망정 투표는 해야 한다. 그야말로 최선이 없으면 차선이라도... 투표해야 한다. 우리의 모든 생활이 정치에 좌우된다. 그래서 뽑아놓고 손가락을 자르는 한이 있더라도 투표는 해야 한다. 투표하는 것이 단순히 국민의 의무나 권리라는 것을 떠나 우리가 선거 외에는 판을 바꿀 방법이 없다. 사람을 뽑을 방법이 과거처럼 없는 것도 아니고, 투표를 안 하면 안 하는 만큼 손해 보게 된다.

• 더불어민주당 정성호 국회의원

대통령은 남이 아니다. 내 삶에 직접적인 영향을 미칠 수 있는 가장 영향력 있는 사람이다. 남의 일이 아니라 내 일이기 때문에 투표해야 한다. 국민 모두 자신의 문제를 가장 잘 해결해 줄 수 있는 정책을 가진 후보가 누구인지를 보고 뽑아야 한다. 물론, 국민 각자가 다 다르고 지지하는 후보도 다르겠지만, 그것이 모여 집단지성의 결과로 대통령이 만들어진다. 하지만, 국민이 투표하지 않으면 정치권에 갖는 불만이나 희망이 반영되지 않는다.

함소원 선생이 이런 말을 했다. 정치라는 게 가장 좋은 사람을 뽑는 게 아니라 가장 덜 나쁜 놈으로 뽑는 거다. 투표하지 않으면 가장 나쁜 놈, 가장 정치를 하지 말아야 할 인간이 정치력을 갖고 우리의 삶을 나쁘게 만들 것이다. 최선의 후보가 당선될 수 있으면 좋겠지만, 정치는 최선이 아니라 차선이고 어쩌면 차악을 선택하는 것인지도 모른다.

현실을 보자. 투표율이 60%라 치고, 당선된 사람의 득표율이 50%라 하자. 그러면 전체 유권자의 30%의 표로 그 사람이 당선되는 것이다. 대한민국 전체 유권자의 70%는 그 사람을 선택하지 않은 것이다. 그런 대통령이 무슨 힘을 가지고 정책을 추진하겠는가? 나라가 제대로 돌아가겠는가? 국민의 목소리가 반영되었다고 이야기 할 수 있겠는가?

· 정의당 심상정 대통령 후보

대통령선거는 물론 대통령을 뽑는 것이지만 그것으로 한정되지 않는다. 시민의 열망이 무엇인가를 드러내는 것이고, 그것을 집약해서 보여줌으로써 누가 대통령이 되든 시민들이 가라고 하는 방향 또한, 중요한 어떤 정책과 의제를 거부할 수 없도록 만드는 것이 더 근원적인 의미라 생각한다. 꼭 당락만 있는 것이 아니라 다른 후보에게 얼마만 한 지지가 모였는가가 시민들의 의지와 힘을 나타내는 것이고 그것은 다음 정부에 강력한 압력이 될 것이다. 그것이 대한민국의 폭을 결정하는 것이다.

"대한민국의 미래에 제가 소중한 한 표가 될 수 있다는 것에 한편으로 설레기도 하고, 긴장이 되기도 하고, 누가 될지 기대도 되고 한 것 같습니다."

<대한민국 대통령 中>

• 국민의힘 안철수 대통령 후보

민주주의에서 투표는 매우 중요하다. 한 명도 빠짐없이 투표하는 것이 가장 이상적이다. 어떤 경우에는 내가 아는 사람의 부탁을 받거나 나와 인연이 있는 사람, 또는 나와 학연이 있거나 지연이 있는 사람을 찍을 수도 있다. 하지만 투표하는 사람의 수가 늘어나 우리나라 전체 국민이 투표하게 되면 이러한 것들이 희석되고 집단지성이 발현되어 진정으로 시대정신을 해결할 수 있게 된다. 시대정신을 해결할 수 있는 사람을 뽑는 제도가 민주주의다. 그러려면 가능한 많은 사람이 투표에 참여해야 한다.

단순히 '국민의 권리이자 의무'라는 교과서적인 이야기보다 다양한 이유를 찾을 수 있었던 반면, 투표를 독려하는 것만이 능사인가 하는 의문을 제기하는 의견도 있었다.

선거를 대하는 조금은 다른 의견
정치인들의 책임

• 더불어민주당 신정현 경기도의원

반대로 묻고 싶다. 투표하는 이유는 정치인들이 만들어줘야 한다. 투표해야 하는 이유를 교과서처럼 이야기하는 것이 무슨 의미가 있을까? '내가 던지는 한 표가 내 삶에 이렇게 미치는구나.' '내가 내 자식들에게 부끄럽지 않은 세상으로 만들기 위해 이 사람을지지 했어.'라고 말할 수 있게 만들어주는 정치인이 단 한 사람이라도 있어야 한다. 그 역할을 정치인들이 제대로 하지 않고, 투표가 민주주의 국가에서 우리의 의무이자 권리라고 교과서에서 아무리 얘기해봤자 의미가 없다. 엄밀히 말하면 투표장에 가지 않는 행위 또한 정치적 행위다. 국민이 정치를 혐오하지 않고 투표장에 가는 것이 낭비라고 느껴지지 않도록, 내 자식이 비록 투표권이 없지만, 같이 손잡고 투표장에 가서 '이 한 표 던지는 게 아깝지 않아. 내 시간 투자해서 투표장에 가는 게 아깝지 않아. 내가 지지하는 이 정당, 이 국회의원, 이 대통령, 그리고 이 시, 도의원 뽑는 게 왜 중요한지 설명해주고 싶어'라고 할 만큼의 정치적 효능감을 만들어주는 일을 정치인들이 과연 제대로 했는지 돌아봐야 한다.

"저도 어른이 돼서 대통령을 뽑고 싶다 뭐 이런 생각을 진짜 많았는데, 지금은 예전보다는 그런 마음이 좀 많이 사라진 것 같아요. 그래도 이제 뽑아야 하겠지만, 꼭, 꼭, 좋은 대통령 후보가 있었으면 좋겠습니다."

<바이 더 피플 - 대한민국 대통령 中>

단순히 투표율을 높이는 것 보다 투표의 효능감을 높여야 한다는 의견의 연장선상에 제도개선이 필요하다는 의견도 있었다. 그 대표적인 방법이 '결선 투표제'의 도입이다.

결선 투표제

• 정의당 류호정 국회의원

사표 걱정 없이 민심을 확인할 방법으로 결선 투표제의 도입을 생각해볼 수 있다. 민주당이나 정의당 같은 경우, 당의 대선후보를 선출할 때 결선 투표제를 활용하고 있지만, 본선에서는 그런 제도가 없다. 결선 투표제란, 다수의 후보가 출마했을 때, 50%를 득표한 후보가 없으면 1, 2위 후보만 다시 투표를 진행하는 것이다. 이렇게 하게 되면 상위 후보들이 나머지 후보들의 지지를 얻기 위한 협상과 정책수용 등을 통해 많은 사회갈등이 이미 조정이 된 상태에서 정부가 출범할 수 있게 된다. 또한, 시민들은 적어도 1차 투표에서 사표를 걱정하지 않고 내가 바라는 후보에게 투표를 통해 힘을 실어줌으로써 정책에 반영될 수 있도록 할 수 있다.

· 국민의당 권은희 국회의원

현재의 다당제 구조에서 민심이 좀 더 반영될 수 있는 여러 가지 정치개혁 방안들이 논의되고 있는데, 가장 쉽게 변화를 느낄 수 있도록 하는 것이 대통령 결선 투표제이다. 결선 투표제가 도입되면 이른바 '단일화'라는 정치공학적 용어가 사라질 수 있다. 국민에 의해서 정책적 단일화가 이루어지는 구조가 정착되는 것이다. 프랑스의 마크롱[38] 같은 정치인을 국민이 선택할 수 있었던 것도 이러한 제도가 갖추어져 있기 때문이다.

결선 투표제의 장점은 명확하다. 우선, 낙선자에게 던

---

38) 에마뉘엘 마크롱(Emmanuel Jean-Michel Frédéric Macron). 프랑스의 제25대 대통령이자 역대 최연소 대통령으로 2017년 프랑스 대선에서 1차 투표 23.9%를 기록했고, 결선투표에서 66.06%를 득표하여 대통령이 되었다.

지는 사표 발생률을 50% 미만으로 줄이게 된다. 이는 국민에게 1차 투표에서 소신 투표를 할 수 있게 하고, 후보들이 2차 투표 승리를 위해 다른 군소 후보들과 정책 연대를 할 수밖에 만드는 효과도 있다. 그리고 대선 때마다 심심치 않게 등장하는 '후보 단일화'라는 변수도 자연스럽게 사라지게 된다. 만약 1987년 선거에 결선 투표제가 있었다면 과연 군부 세력이 재집권에 성공했을지 알 수 없다.

하지만, 결선 투표제에 대해서 공감대가 형성되었다고 보기는 어렵다. 국민의당과 정의당 같은 이른바 제3 정당들은 적극적으로 결선 투표제가 필요하다고 주장하는 반면, 기성정당 소속 혹은 출신 패널들은 부정적이었다. 그것이 그들의 이익에 반하기 때문일 수도 있고, 우리 국민이 정서적으로 받아들일 수 있는지에 대한 확신을 하기 힘들기 때문일 수도 있다.

그렇다면 국민의 생각은 어떨까? 2017년 여론조사 자료에 의하면 결선 투표제 도입에 '찬성한다'는 의견이 51.3%, '반대한다'는 의견은 39.5%, '모름'과 무응답은

9.1%로 나타났다.[39] 87년 이후 50%를 넘는 득표를 기록한 대통령은 박근혜 대통령밖에 없는 것에서 알 수 있듯, 결선투표를 도입하면 사실상 매번 투표를 두 번 이상, 해야 할 것이다. 우리 국민이 그것을 받아들이겠다고 하는 여론이 있으면 한 번 비용을 감수하더라도 시험을 해볼 필요가 있다.

당장 제도를 변경할 수 없다면 현재 있는 제도부터 잘 활용해 보는 것도 좋을 것이다. 선거와 관련해서 우리 유권자가 더 좋은 대통령을 만드는데 활용할 수 있는 제도들은 〈부록〉에서 다루어보았으니 참고하면 좋을 것이다.

우리가 선거를 이야기할 때 항상 등장하는 단어가 '네거티브'다. 후보자 간 상호비방 혹은 비판이 뉴스의 주를 이루고, 유권자들이 후보자들의 정책이나 비전을 판단하기 어렵게 된다는 것에 대해서 매번 선거 때마다 문제라는 이야기가 나온다. 그런데도 전혀 개선되지 않고 있는 것이 현실이다. 그 이유는 무엇일까?

---

39) 연합뉴스와 KBS가 여론조사기관인 코리아리서치에 의뢰, 2016년 12월28일~29일 이틀간 전국 성인남녀 2천22명을 대상으로 실시한 여론조사(신뢰수준 95%, 오차범위 ±2.2% 포인트)

네거티브 전략

· 더불어민주당 박주민 국회의원

도덕성 검증이라는 단어를 쓰기는 어렵지만, 선거가 과열되면서 네거티브, 상호비방 같은 것도 늘어나게 된다. 캠프나 정당의 후보들 간에 네거티브를 주고받는 것이 결국 국민에게 손해가 된다. 그런데도 이걸 내려놓지 못한다. 상대방에게 상처를 입히기 제일 쉬운 방식이기 때문이다. 정책이라면 이걸 막 복잡하게 비교하기도 하고 우위를 평가하기도 어려울 수도 있지만, 네거티브성 공격은 복잡한 것도 필요 없고, 편리하다.

· 더불어민주당 정성호 국회의원

일단 이분법적으로 나누어 놓고, 자기 지지자들을 확보하는 것이 유리한 국면을 만드는 가장 손쉬운 방법이다. 상대방을 적으로 규정하고 선으로 악으로 규정해 놓는 것, 진영논리에 가두는 것이 전략상 굉장히 유리하다. 그러다 보니 우리 정치가 그것을 포기 못 하는 측면이 있다.

"자기의 선거유세를 할 때, 다 자기가 잘난 걸 하지 않고 '얘가 얘가 뭘 잘못했어요. 얘가 뭐 뭐 못했어요. 얘가 이런 나쁜 짓을 했어요. 이렇게 다 하는데, 그런거 보다 자기가 잘할 수 있는 것을 말해서 그 걸 더 제대로 지키고 자신의 공약을 제대로 지키면서 하는 대통령 이 나와 나오시면 될 거 같아요."

<대한민국 대통령 中>

• 더불어민주당 박주민 국회의원

대통령선거에서는 잘 모르겠지만, 적어도 당내경선에서 는 정책적인 이야기가 큰 쟁점이 되지 못한다. 하다못해 고 구려, 백제, 신라 논쟁이나 조폭 이야기를 하는 것이 대한민 국의 비전을 제시하는 것보다 더 주목을 받는다. 단점을 들 추는 것이 더 시선을 끌기 때문이다. 언론도 마찬가지다. 무 언가 폭로한다고 하면 언론이 구름같이 몰려들지만, 정책을 발표하면 언론에서 그 내용이 사라져 버린다. 이것이 무한 반복되는 중이다.

종합해보면 네거티브 전략은 정치권과 언론의 이해관 계가 맞아떨어지고, 그것이 유권자들에게 더 큰 호응을 얻기 때문에 반복적으로 사용되는 것이다. 그렇다고 우리 유권자들이 정말 네거티브를 판단기준으로 삼아 대통령 을 뽑는 것인가? 여기에 대해 반대의 이야기를 해주는 패널들도 있었다.

네거티브 전략에 대한 다른 생각

· 더불어민주당 김민석 국회의원

빌 클린턴의 정치 참모였던 딕 모리스[40]라는 사람이 있다. 민주당 계열의 에이스 중 하나인데, 그가 쓴 신군주론이라는 책에 스캔들이 메시지를 못 이긴다는 말이 나온다. 즉, 네거티브가 포지티브를 못 이긴다는 것이다. 결국 '내가 뭘 하겠다. 이 시대의 어떤 문제를 해결하겠다.'라는 것이 명료한 것이 우선이다.

· <윈지코리아컨설팅> 박시영 대표

대통령선거는 전망적 투표다. 결국, 인물 간 대결의 장으로 가는데, 네거티브 이슈들이 중요해 보이지만 조금의 시간이 지나면 정책과 비전 싸움으로 간다. 그리고 그것을 실현

---

40) 딕 모리스(Dick Morris) 미국 정치 역사상 최고의 천재로 손꼽히는 인물로, 빌 클린턴을 아칸소 주지사에 이어 대통령의 자리에까지 올려놓고, 거의 불가능해 보이던 재선마저도 성공시킴으로써 최고의 킹메이커로 인정받은 인물이다.

할 능력과 자질이 있느냐를 유권자들은 평가한다. 선거는 옳고 그름을 다투는 장이긴 하다. 하지만, 선거는 대중 인식에서 결정 난다. 옳고 그름을 두고 계속 논쟁을 하지만 대중 인식과 싸움이다. 대중이 국민이 그를 어떻게 받아들이느냐에 따라서 결판나는 것이 선거다.

국민이 네거티브보다는 인물이나 정책 대결의 장에서 선거를 바라보게 된다면 어떤 현상이 벌어지게 되는 것일까?

• **<새날> 푸른나무 권현문 대표**

진실로 네거티브가 아니라 정책경쟁을 하게 된다면 삶의 질이 조금씩 조금씩 나아지게 된다. 동네에 어떤 가난한 주부가 제게 이런 질문을 했다. '왜 밥을 이건희 손자한테까지 공짜로 줘야 하느냐?'라고... 10년 즈음 지난 지금 그 아주머니는 무상급식, 의무급식을 버린다고 하면 화를 내신다. 내가 표를 던지지 않은 상대진영을 통해서도 내 삶의 질이 높아지는 것을 경험하는 것이다. 나는 저 사람을 찍지 않았는데, 나와 내 주변 사람들의 삶이 나아지는 것을 보게 된다. 정책경쟁을 하게 되면 이렇게 이성적으로 바라보는 사람이 늘어나게 되고, 정치 이슈에 매몰되지 않을 수 있다. 내 삶을 나아지게 하는 것이 진짜 투표의 본질이다. 물론, 이런 '사회적 투쟁'은 인기가 없다. 복지 관련 이슈를 따로 방송하고 있는데, 조회 수가 낮다. 재미가 없기 때문이다. 하지만, 인터뷰에 따라온 내 딸내미가 내 나이가 되었을 때, '우리 아빠 세대가 진짜로 노력을 많이 해서 좋은 나라가 되었구나'라는 것을 알아주길 바라며 끊임없이 방송을 진행하고 있다.

선거라는 시스템을 통해 대통령을 결정하는 것은 결국, 대한민국의 주권자인 국민이다. 판단의 기준이 네거티브든 포지티브든 결국 국민의 의지가 어느 쪽으로 향하느냐에 따라 대한민국의 미래가 결정되는 것이라 볼 수 있다. 그렇다면 대한민국 대통령에 대해 알기 위해 주권자에 대해 알아보지 않을 수 없다.

12.
국민

국민의, 국민에 의한, 국민을 위한

대한민국 헌법 제1조

① 대한민국은 민주공화국이다.

② 대한민국의 주권은 국민에게 있고, 모든 권력은 국민으로부터

나온다.

대한민국 헌법 제1조는 '민주공화국인 대한민국의 주권은 국민에게 있고, 모든 권력이 국민으로부터 나온다'라고 정의하고 있다. 이 조항은 독립운동가 조소앙 선생이 1919년 임시정부 헌장에 넣을 것을 제안하였고, 문구만 조금씩 조정되면서 지금까지 늘 우리의 역사와 함께했다. 하지만 이 말이 국민의 마음속에 와닿을 수 있는 사회가 된 지는 얼마 되지 않았다.

하지만 이제 우리는 불의한 대통령을 직접 국민의 손으로 끌어내릴 수 있다는 것을 경험한 이상, 국민도 어느 정도 민주주의에 대한 학습과 경험이 많이 이루어졌고, 대통령이라는 자리에 대한 인식도 많이 변화했으리라 짐작해볼 수 있다.

그렇다면 좋은 대통령을 만드는 작업에서 주권자인 국민을 빼놓을 수 없다. 결국, 대통령을 만드는 것은 국민이고, 국정운영에 있어서 대통령도 여론의 눈치를 볼 수밖에 없다. 민심을 등에 업고 당선된 대통령이라도 민심을 거스르면 힘을 잃게 되고, 심한 경우, 임기를 채우지 못하게 될 수도 있다. 실제로 역사상 12명의 대통령 중 2명이 민심을 거스르다 하야하거나 탄핵당했다.

하지만, 〈시대정신〉의 장에서도 확인했듯이 민심이라는 것은 알기가 어렵다.

민심의 방향을 알기 위해서 우리가 흔히 활용하는 방식이 여론조사다. 하지만, 여론조사마다 결과도 천차만별이고 여론조사 결과가 조작된 것이라는 주장도 심심치 않게 보인다. 여론조사를 볼 때 어떤 것을 중심으로 볼 수 있어야 하는지 여론조사 전문가 〈원지코리아컨설팅〉 박시영 대표에게 물었다.

여론조사

- **<윈지코리아컨설팅> 박시영 대표**

　공표용 여론조사는 과거처럼 조작하기가 사실상 불가능하다. 정당이나 캠프가 외부에 자신들의 조사를 공표하면 처벌받는다. 여론조사는 등록하게 되어있어, 선관위의 선거 여론조사심의위원회에 가서 조사가 제대로 이루어진 것인지 사전에 검증하게 되어있다. 만약에 고발이 이루어지면 바로 데이터도 확인하고 그 회사에 가서 점검도 한다. 문제가 있으면 페널티도 주고 그러기 때문에 과거보다 매우 엄격해졌다고 할 수 있다.

　만약 어떤 여론조사가 정확한 여론조사인지 모른다면 휴대폰 가상번호 안심번호로 돌린 조사인지를 먼저 보는 것이 좋다. 안심번호는 통신사에서 정보를 받아서 진행하는 방식으로 랜덤하게 표본을 뽑을 수 있어서 신뢰할만하다.

　조사방식의 차이도 알아두면 좋다. 자동응답 ARS 방식인지, 전화 면접방식인지에 따라서 결과가 다르게 나온다. ARS 방식에서는 보수층이 더 높게 나오고, 전화 면접방식에서는 진보층이 더 높게 나온다. 그 이유는 '평소 정치에 관심이 많습니까?'라는 질문에 그렇다고 대답하는 층이 약 25% 정도

된다. 그 25% 안에는 보수층이 진보층보다 훨씬 많다. ARS 조사에서는 주로 이렇게 정치에 관심이 많은 층이 응답한다. 보통은 기계음이라 끊어버리지만, 정치 고관여층高關與層은 이런 조사에도 성실히 임한다. 정치에 약간 관심 있다고 이야기하는 층이 4~50% 정도 되는데, 여기에는 민주당 성향이 더 많이 나타난다. 하지만, 전화 면접방식에서는 투표하지 않을 30%도 같이 잡힌다는 사실도 염두 해야 한다.

전통적인 방식의 여론조사 분석에 있어서 항상 등장하는 단어가 바로 중도층이다. '중도층을 잡아야 선거에서 이길 수 있다'는 이야기는 모든 정치평론가나 전문가들이 하는 이야기다. 하지만 이 중도층이 어떤 사람들인지, 어떤 성향의 사람들인지 설명해주는 경우는 많지 않다. 우리는 패널들에게 선거 때마다 등장하는 가장 중요한 사람들, 중도층에 관해서 물어보았다.

중도층은 누구인가?

• <윈지코리아컨설팅> 박시영 대표

통상 대한민국의 약 20% 정도가 왔다 갔다 하는 스윙보터swing voter 혹은 유보층이라고 한다. 중도층이라고도 하는데, 이 중도층의 특징이 몇 가지 있다. 일단 정치에 대해서는 관심도가 진보나 보수에 비해 조금 떨어진다. 정치에 대한 관심도가 떨어지고 경제를 굉장히 중시한다. 경제 중에서도 내 삶에 무엇이 도움이 되는지에 관심이 많다. 굉장히 실용적이기도 하다. 이념보다는 실용이다. 진보보수는 상대적으로 이념적이고, 중도층은 상도나 자세, 품격, 앉는 자세, 사람을 대하는 모습, 진정성, 소통하는 모습, 사과의 때와 적절성 이런 걸 본다. 상대적으로 실용적이며 내 삶에 도움이 되는 것을 선택한다. 그리고 태도를 중시한다.

• 더불어민주당 박용진 국회의원

대통령선거에서는 누가 뭐래도 어느 후보가 중도층을 잡느냐가 핵심이다. 어찌 됐든 양쪽에서 각각 25%씩은 가지고 있다. 나머지 50%가 어떻게 판단을 하고 움직이느냐가 굉장히 중요하다. 이들 중 약 10%는 매우 고학력이고, 고소득층, 전문직 이런 사람들이 판단한다. 이들은 후보들 간의 논박이 아니라 스스로 상황과 사태를 분석하고, 이해하고, 판단할 수 있다는 자기 확신이 있는 사람들이다. 그게 사실이든 아니든 간에. 대개 자유롭게 판단하고 다른 사람의 영향을 안 받는다는 것이다. 이들에게는 정책이나 신뢰감을 줄 수 있는 후보의 발언 같은 것이 중요하다.

• 전우용 교수

투표행위는 어떤 사람들에게는 그냥 관행이다. 그냥 습관적으로 하는 것이다. 일종의 종교처럼 같은 곳을 찍으러 가는 것이다. 이른바 중간층 혹은 중도층이라 불리는 사람들은 투표할 때 그 시대의 답답함을 덜 느낀다. 이들은 자신들의 생활과 관련된 투표를 한다.

여론조사로 민심을 판단하는 데 몇 가지 주의 사항이 있다. 일단, 되도록 조사의 추세를 보는 것이 중요하다. 문항이 변경되지 않은 상태에서 흐름이 어떻게 진행되는지를 보는 것이 좋고, 한 번의 조사에서 나온 숫자에 너무 큰 의미를 부여해서는 안 된다. 실제로 여론조사 결과와 선거결과가 다르게 나타난 경우도 많을 뿐 아니라, 상식적으로도 2020년 총선 기준 4,400만 명이나 되는 유권자를 단순 구분해서 분석한다는 것도 말이 안 된다.

특히나 정치인, 정치평론가, 컨설턴트들은 여론조사로

드러난 정량적 평가만으로 정국을 바라본다면 잘못된 결론에 이를 수 있다. 이를 보완하는 정성적 평가도 함께 이루어져야 하는데, 대표적인 방식이 포커스 그룹 인터뷰 Focus Group Interview, 줄여서 FGI다. FGI는 숙달된 진행자가 수용자의 태도를 이해하기 위하여 5~10명 정도의 사람들을 동시에 밀도 있게 인터뷰하는 방식이다. 가령, 호감도가 가장 높은 후보가 정작 대통령감이라던가 당선 가능성에 있어서 평가가 낮은 경우, 실제 민심은 그를 선택하지 않을 수 있다는 것을 이 FGI를 통해 분석해낼 수 있다. 이를 통해서 유권자들의 태도를 분석하고, 정확한 상황분석 하에 전략을 짤 수 있다. 하지만, 전문가가 아닌 이상 FGI를 활용할 수 없으니 우리는 유권자들을 이해하기 위해 다른 방식을 택해야 한다. 우리 유권자들은 대통령을 볼 때 어떤 면을 고려하는가?

2022년 대선 유권자의 모습

• <윈지코리아컨설팅> 박시영 대표

　선거에 영향을 미치는 요인은 다양하다. 이번 선거는 진보. 보수 간에 적대감이 굉장히 쌓여 있다 보니 제3지대가

설 공간이 형성되기 어렵다. 과거에는 안철수, 문국현, 정몽준, 박찬종, 정주영 등으로 대변되는 제3지대 후보들이 있었지만, 이번 선거는 진영대결이 심화하면서 그런 후보가 등장하기가 쉽지 않다.

대통령의 지지율도 봐야 한다. 이번 대선은 과거와 달리 대통령 지지율이 높은 상태에서 치러진다. 레임덕[41]이 없는 대통령이기 때문에 대통령의 국정 주도력은 유지될 수밖에 없다. 이는 여당 후보에게 현 정부와 정책적 차별성은 둘 수 있지만, 정치적 차별성을 둘 수 없게 한다. 야당이 여당 후보가 아닌 대통령을 공격하는 것도 결국 이걸 무너뜨려야 하기 때문이다.

코로나 시국이라는 점도 큰 영향을 미친다. 코로나 시국에서 중도층은 도덕성보다는 카리스마와 능력, 주요 정책을 보고 후보를 판단할 가능성이 크다. 도덕성은 고만고만한 것 같은데, 이 시국을 잘 헤쳐나가고 내 삶에 도움을 줄 수 있는 후보가 누구인지를 보게 된다. 어차피 도덕성은 피장파장이

41) 레임덕(Lame Duck). 임기 만료를 앞둔 공직자를 '절름발이 오리'에 비유해 지도력 공백 현상을 이르는 말

라 생각하기 때문에 더욱 그럴 것이다.

• 더불어민주당 박용진 국회의원

국민은 선거 때만 나타나서 '우리가 당신들을 사랑하니까 우리한테 표를 주시오'한다고 뽑아주지 않는다. 국민은 그렇게 단순하거나 바보가 아니다. 평상시에 어떻게 하는지를 보고, 그 정치세력에 대한 신뢰와 믿음을 갖는 거고, 정치인에 대한 신뢰와 믿음을 보여준다. 짱돌과 구호로만 세상을 바꿀 수 없는 것도 이런 이유고, 새로운 인물이 갑자기 등장한다고 되는 게 아니다.

국민도 안다. 집값이 오르는 게 어제오늘 일도 아니고, 전부터 쌓여온 공급 부족이 유동성이 커지면서 빵 터졌다는 것도 아신다. 국민은 어찌 되었든 해법을 내놓으려고 하는 노력을 보고 싶어 하고, 상황이 이러이러하니 읍소하는 모습을 보고 싶어 하는데, 무능과 능력 부족은 둘째 치고 아전인수 격으로 위선적인 모습을 보여주니까 분개하는 것이다. 결국은 신뢰의 문제다.

새로운 인물의 등장에 대해서는 조금 생각을 달리 할 수 있다. 2022년 현재 여론조사 1, 2위를 다투는 윤석열 후보의 경우에는 비정치인 출신으로 새롭게 등장한 후보라 할 수 있다. 선거결과가 어떻게 될지 알 수 없으나 우리 유권자의 상당수가 새롭게 등장한 인물에 반응하고 있는 것으로 볼 수 있다. 하지만, 후보자의 삶의 궤적과 그것이 상징하는 바가 유권자들에게 큰 영향을 미친다는 맥락과 새로운 인물이 과거처럼 신흥세력으로 등장해 선거를 치르는 것이 아니라 제1야당의 후보로 출마했다는 점을 고려하면 이 주장도 맞는다고 할 수 있다.

대통령의 지지율에 관해 이번 선거가 비교적 특이한 상황이라 할 수 있다. 임기 말까지 높은 지지율을 유지한 대통령이 역사상 없었고, 대통령이 집권 여당보다도 높은 지지를 받고 있기에 정국 주도권을 유지할 수밖에 없는 현상이 벌어지는 것이다. 그 이유에 대해서 민주 진영 패널들은 '권력을 사사로이 쓰지 않았다는 이미지'에서 높은 점수를 주는 경우가 있었고, 진영을 막론하고 코로나 사태라는 국가 위기상황의 영향을 꼽았다.

우리 역사에서 대통령 지지율이 낮은 상태에서 선거를

치러야 할 때, 대통령의 존재가 선거에 도움이 되지 않는다고 여긴 집권 여당이 자당 출신 대통령에게 탈당을 요구하는 경우가 비일비재했다. 노태우, 김영삼, 김대중, 노무현 대통령이 그런 식으로 대선 전에 탈당해 무소속이 되었다.

시대의 요구가 달라지면서 요구되는 리더십의 모습도 달라지는 것은 당연하다. 그 요구가 무엇인지 확인하고 선거를 치르는 것은 후보자와 정당과 진영의 몫일 것이다. 그렇다면 국민의 입장에서 투표를 잘하는 방법은 어떤 것들이 있을까?

• **<펜앤드마이크> 정규재 주필**

우리 유권자들이 누구를 대통령으로 선택할지 모르지만, 대통령의 어깨를 가볍게 해주어야 한다. 너무 많은 것을 기대하면, 대통령의 어깨에 힘이 들어가고 너무 진지해지면 올바른 판단을 하기가 어렵다. 그러니까 우리가 대통령을 뽑을 때, 조금 가벼운 마음으로 뽑아야 한다. 지금의 20대 입장에서 100살까지 산다고 치면 앞으로 80년을 더 살 것이고, 앞으로 수도 없이 투표할 기회가 생길 것이다. 너그러워질 필요가 있다. 대한민국 대통령이 당면해 있는 문제만 해도 머리가 빠개질 정도로 많다. 돌아서면 다른 문제, 돌아서면 다른 문제, 나라의 모든 문제에 대한 책임을 져야 한다. 두뇌도 우수해야 하고, 도덕적으로는 감옥에 가지 않아야 하겠지만, 대통령을 만드는 것은 결국 국민이다. 국민이 대통령의 어깨를 가볍게 해주어야 한다. 분노와 증오에 차서 '당신은 이거를 해줘야 해', '부동산 문제도 풀어', '청년 주택 문제도 풀어', '일자리 문제도 풀어'라고 하지만 어차피 임기 내에 풀리지 않는다. 그렇기에 우리의 요구사항을 줄이는 게 좋은 대통령을 뽑는 방법이다.

· **강원국 작가**

　국민은 제왕적 대통령에서 벗어나야 한다고 하면서도 왕 같은 대통령을 기대한다. 그런데 대통령은 절대 왕이 될 수 없다. '제왕적 대통령은 하지 마라. 하지만, 왕 같은 역할을 해라.' 이런 기대에서 벗어나야 한다. 우리의 기대치를 낮추어야 한다. 대통령의 역할에 관해서 그야말로 그냥 행정부의 책임자 정도로 생각을 해야지 그 위에 있는 사람으로 생각하면 안 된다.

• <새날> 푸른나무 권현문 대표

우리나라에서 민주주의가 지체되는 이유 중 하나는 계급투표[42]를 못하기 때문이다. 나를 대표했을 때 내 삶의 질이 높아진다는 것을 목표로 투표를 해야 하는데, 박정희 딸이니까, 나는 영남사람이니까, 이런 식으로 투표를 하다 보니 국민이 주인이 되는 민주주의의 수준이 내려간다. 우린 그 과도기에 있으며 과도기가 길어지는 이유는 간단하다. 국민의 일부가 깨어나고 있지 못하고 있기 때문이다. 언론의 그 어떤 선동도 먹히지 않는 국민이 늘어날 때 진정한 민주주의의 발전이 이루어진다.

• 송기인 신부

우리 국민이 실제로 그렇게 해줄지는 모르겠지만, 깊이 생각해주었으면 좋겠다. 미래를 봐야 한다. 우리가 살고, 끝나고, 없어지는 게 아니고 우리 후손도 있고 나라도 있을 것이다. 우리가 없어진 다음의 세상이 어떻게 될지를 생각하면서 투표해야 한다. 당장 호주머니가 두둑해지는 것보다 우리

---

42) 계급투표. 선거에서 자신이 속한 계층의 이익을 대변하는 후보 또는 정당을 찍는 투표 행위이다.

후손들이 살만한 사회를 만들기 위해서 어떤 사람을 선택해야 한다는 각오를 했으면 좋겠다.

> "사실 지금 청년들이 역대 최고로 높은 스펙을 가지고 있고, 대학 진학률도 정말정말 높은데, 그런데도 취업하기가 정말 힘들고 또 취업을 못하다 보니 결혼 문제도 같이 딸려오는 것 같은데, 결혼을 못하다 보니까 또 출산율도 많이 떨어지잖아요. 이게 지금 당장은 그냥 청년층에 국한되는 문제일 수도 있지만 조금만 시간이 지나면 대한민국을 이끌어갈 주체가 지금 청년층인데 그럼 대한민국에 큰 위기가 닥칠 수 있는 거기 때문에..."

<대한민국 대통령 中>

우리는 모두 좋은 대통령을 갖고자 하는 욕망이 있다. '좋은 대통령'이라는 것이 무엇인지, 그 사람이 무엇을 어떻게 해주길 바라는지에 관한 생각은 각자가 다를 수밖에 없다. 대통령은 그만큼 우리 사회에서 차지하는 위치나 의미가 크다. 그가 어떻게 하느냐, 그리고 그와 함께하는 이들이 어떻게 국정을 운영하느냐에 따라 민심은 끊임없이 움직인다. 민심은 여론조사 결과로도 나타나고, 총선이나 지방선거 결과로도 나타난다.

하지만, 이는 장기적인 미래에 대한 고민이 반영되거

나 대통령의 실질적인 역할 수행과 거리가 먼 경우도 발생한다. 표를 얻기 위해 다수가 원하는 말과 행동을 한다면 그것이 건강한 민주주의 사회라고 할 수 있을까?

• 전우용 교수

대통령은 '왕王'이 아니다. '천명天命'을 받은 사람도 아니다. 시민들이 스스로 선택해서 뽑은 사람이다. 그런데 사람들은 뽑아놓고 그 사람이 왕처럼 굴기를, 세상 모든 일을 다 책임지기를 원한다. 이것이 민주주의의 딜레마다. 수천 년 왕조시대의 역사를 거친 사람들이 불과 100년을 형식적으로, 실질적으로는 30년 정도 민주주의를 했다. 그러니 민주주의가 뭔지 모르는 거다. 모르는 게 당연하다. 집값이 올랐다가 떨어졌다. 장사가 안된다, 잘 된다. 이 모든 것을 이제 왕의 책임으로 돌렸던 부여시대 사고방식이 남아있다. 핵심이 뭐냐. 철학의 문제인가, 정책의 문제인가, 아니면 상황의 문제인가를 구분할 수 있어야 한다. 대통령이 박식해야 하지만, 박식한 대통령을 얻으려면 그것을 선택하는 유권자들이 박식해야 한다. 그 방법밖에는 없다.

왕조시대에는 왕이 주권자다. 왕이 세종처럼 똑똑하고, 늘 공부하고, 창의적이고 그러면 '세종의 시대'가 열린다. 왕이 연산군처럼 놀기 좋아하고, 방탕하고, 공부하기 싫어하고 그러면 '연산군의 시대'가 되는 것이다. 폭정의 시대가 열리는 것이다.

개념을 보자. 민주주의다. 시민들이 주권자다. 시민들의 평균적인 욕망과 생활습관과 행태가 연산군이면 연산군 시대를 만드는 거다. 새 정부의 유권자 평균이 세종에 가까우면 세종의 시대에 가까워지는 거고, 유권자의 평균 수준이 연산군에 가까우면 연산군 시대가 되는 거다. 그런데, 자신은 연산군처럼 살고 싶으면서 세종 같은 대통령을 꿈꾼다? 안 나온다. 민주사회에서 그게 어떻게 나오겠는가?

사람들은 자기 욕망에 투표한다. 남들이 집을 구하든 못 구하든 자기 집값만 올랐으면 좋겠고, 남의 자식이 어떻게 되든 자기 자식만 잘되었으면 좋겠다는 욕망을 갖고 투표를 하면, 그런 사회가 열린다. 그래서 '누구에게 투표할 것이냐?'보다 내 욕망의 방향을 어떻게 잡을 것이냐가 먼저 결정되어야 한다. 내 욕망은 건강한가? 내 욕망이 민주주의에 합당한가? 이걸 먼저 판단하고, 그다음 어떤 후보가 좋은지를 결정해야 한다.

"You know, you have people like me. I'm not a presidential candidate. So I can say, you know, I or my wife can say, I love a candidate that will make the housing prices skyrocket some more. But on the other hand, I know that that will be bad for society. You know, it will be bad for the Korean people, especially for young people who need to, you know, just starting out their lives and they need to start a family, and they need to build up financial and economic resources. And that'll be a huge burden on them." (나 같은 사람들이 있다. 나는 대통령 후보가 아니다. 그래서 나는 내 집 값을 훨씬 더 높아지게 만들어줄 후보가 좋다고 말할 수 있다. 하지만, 반대로 그것은 사회에 해가 될 것이라는 것을 안다. 이제 삶을 시작하고, 가정을 꾸리고 재정적, 경제적 자원을 모아야 하는 한국인들, 특히 젊은 사람들에게 해가 될 것이다.)

<대한민국 대통령 中>

우리는 아돌프 히틀러가 민주적인 방식의 투표를 통해 당선되었음을 기억해야 한다. 당시 독일 국민들이 갖고 있던 욕망이 히틀러라는 괴물을 탄생시킨 것이다. 투표를 잘하는 것만으로는 해결이 안 되는 것들이 많다는 것을 우리는 지난 장에서 다루었다. 사람에 대한 의존성을 낮출 수 있도록 제대로 된 시스템을 구축해야 하고, 다양

한 목소리가 반영될 수 있도록 해야 한다. 언론도 제 기능을 되찾아야 하고, 정당과 진영도 더 건강해질 수 있도록 노력해야 한다. 하지만, 이 모든 것들을, 누가 해주기만을 기대하고 방치할 수는 없다.

결국, 이 모든 것을 가능하게 하는 것은 우리의 욕망이 어디를 향하느냐에 달려있기 때문이다.

프랑스의 정치가 메스트르[43]는 "모든 국민은 그 수준에 맞는 정부를 가진다.Toute nation a le gouvernement qu'elle mérite"는 말을 했다. 군주제를 옹호하고 공화제를 부정하기 위해 쓰인 문구라 좋아하지는 않지만, 민주주의에서도 부정하기도 쉽지 않은 말이다.

이 책과 영화의 목표는 어떠한 답을 내리거나 국민을 계몽하기 위함이 아니다. 다만, 최대한 다양한 시각에서 대통령이라는 자리를 바라보고, 어떻게 하면 우리가 더 좋은 대통령을 가질 수 있을지 한 번씩은 고민해보았으면

---

43) 조제프 드 메스트르(Joseph de Maistre). 프랑스 혁명으로 공화정이 설립된 것을 보고 군주제를 옹호했으며, 반계몽주의(Counter-Enlightenment)의 핵심 인물이다.

좋겠다는 문제의식에서 시작한 것이다.

마무리는 영화에 참여한 전문 패널들의 목소리가 아닌, 20대 시민의 목소리로 마무리하고자 한다.

"사실, 별 생각은 안 들었는데 입으로 이렇게 이야기를 뱉고 나니까, 제가 진짜 잘해야겠다. 그런 생각이 들어요. 몰라도 일단 좀 살펴보자. 살펴보고 모르면 어딘가에 가서 물어보기라도 하자. 사실, 저처럼 무지하고 무관심한 사람들이 대다수일 거라 생각을 해서요. 이제는 좀 그만 무관심 하자. 조금 더 관심을 가져 보도록 해보자. 본인이 조금씩이라도 노력한다면 반드시 작은 변화라도 있기 마련이잖아요."

<대한민국 대통령 中>

부록

부록은 대통령 영화와 책의 본문에서 다루지 않았지만, 대통령과 관련이 있고, 대한민국이 좋은 대통령을 만드는데 유권자들이 필요로 하는 정보들을 종합해 나열해 보았다.

- ## 2022년 제20대 대통령 선거 주요일정
  - 2월 13일 ~ 14일 : 후보자 등록
  - 2월 15일 : 공식선거기간 개시
  - 2월 15일 ~ 3월 3일 : 1~3차 후보자토론회 및 비초청대상 후보자 토론회
  - 2월 20일 : 선거벽보 첩부
  - 2월 23일 ~ 28일 : 재외국민의 재외투표소 투표
  - 3월 1일 ~ 4일 : 선상투표
  - 3월 4일 ~ 5일 : 사전투표(오전 6시 ~ 오후 6시)

■3월 9일 : 투표 (오전 6시 ~ 오후 6시)

■3월 9일 : 개표 (투표 종료 후 즉시)

· **후보자 토론회**

후보자들 간 토론회에 대해서 어떤 이들은 이걸 왜 하냐고 의문을 제기하기도 하지만, 후보자 토론회는 국민의 알권리를 위해 법적으로 정해놓은 선거 절차 중 하나다.

규정은 이러하다.

공직선거법 제82조의2(선거방송토론위원회 주관 대담·토론회)

①중앙선거방송토론위원회는 대통령선거 및 비례대표 국회의원선거에 있어서 선거운동 기간 중 다음 각호에서 정하는 바에 따라 대담·토론회를 개최하여야 한다.

1. 대통령선거

후보자 중에서 1인 또는 수인을 초청하여 3회 이상

④각급선거방송토론위원회는 제1항 내지 제3항의 대담·토론회를 개최하는 때에는 다음 각 호의 어느 하나에 해당하는 후보자를 대상으로 개최한다. 이 경우 각급선거방송토론위원회로부터 초청받은 후보자는 정당한 사유가 없는 한 그 대담·토론회에 참석

하여야 한다.

1. 대통령선거

가. 국회에 5인 이상의 소속의원을 가진 정당이 추천한 후보자

나. 직전 대통령선거, 비례대표국회의원선거, 비례대표시·도의원
선거 또는 비례대표자치구·시·군의원선거에서 전국 유효투표
총수의 100분의 3 이상을 득표한 정당이 추천한 후보자

다. 중앙선거관리위원회규칙이 정하는 바에 따라 언론기관이 선
거기간개시일전 30일부터 선거기간개시일전일까지의 사이
에 실시하여 공표한 여론조사결과를 평균한 지지율이 100분
의 5 이상인 후보자

⑩공영방송사는 그의 부담으로 대담·토론회를 텔레비전방송을 통
하여 중계방송하여야 하되, 대통령선거에 있어서 중앙선거방송
토론위원회가 주관하는 대담·토론회는 오후 8시부터 당일 오후
11시까지의 사이에 중계방송하여야 한다. 다만, 지역구국회의원
선거 및 자치구·시·군의 장선거에 있어서 전국을 방송권역으로
하는 등 정당한 사유가 있는 경우에는 그러하지 아니하다.

　요약을 해보자면 5명 이상의 국회의원을 보유한 정당
의 후보, 직전 대통령선거, 비례대표 선거 등에서 3% 이
상을 득표한 정당의 후보, 선거 개시 기간 30일~하루 전
언론기관 여론조사 평균이 5% 이상인 후보여야만 후보자

토론에 참여할 자격이 부여된다. 이 문턱이 너무 높은 것 아니냐는 논란도 있지만, 자격요건을 낮추어 후보자가 많아지면 그만큼 유권자들에게 양질의 토론을 제공하지 못할 수 있다는 점도 고려해야 한다.

그렇다면 후보자가 이를 거부하면 어떤 일이 벌어질까?

공직선거법 제261조(과태료의 부과 · 징수 등)

③다음 각 호의 어느 하나에 해당하는 행위를 한 자에게는 1천만원 이하의 과태료를 부과한다.

3의2. 제82조의2제4항 각 호 외의 부분 후단을 위반하여 정당한 사유 없이 대담·토론회에 참석하지 아니한 사람

결론은 1,000만원 이하의 과태료를 부과한다는 것이다. 물론, 후보자가 제출한 사유를 기반으로 기준금액의 2분의 1의 범위 안에서 이를 경감하거나 가중할 수도 있다.공직선거관리규칙 제143조 하지만, 주요캠프들이 수천억씩 가용하는 선거에서 저 금액이 국민의 알 권리와 바꿀만한 금액인가 하는 점은 생각해볼 여지가 있다.

주요 후보자 토론회 외에도 등록은 되어있지만, 지지

율 등의 요건을 갖추지 못한 후보들에게도 '비초청대상 후보자토론회'의 기회가 주어진다.

● 선거비용

20대 대선에서 후보자는 513억900만원까지 선거비용을 사용할 수 있고, 예비후보자후원회를 포함한 후보자후원회와 당내경선후보자 후원회는 25억6,545만원까지 후원금을 모금할 수 있다.

선거비용의 산정은 2021년 기준인구 5,168만3,025명에 950원을 곱한 금액에 통계청장이 고시한 전국소비자물가 변동률을 감안한 선거비용 제한액 산정비율 4.5% 을 더해 산정했다. 이에 따라 20대 대선 선거비용은 지난 대선 때인 509억9,400만원보다 3억1,500만원이 증가하게 됐다.

유효투표총수의 15%이상을 득표했을 경우 선거비용 전액을 보전 받을 수 있고, 10%이상 15%미만을 득표한 경우에는 절반을 보전 받을 수 있다.

그리고 선거비용 제한액의 200분의 1을 초과 지출해 선거 관계자가 징역형이나 300만원 이상의 벌금형을 선고받으면 그 후보자의 당선은 무효가 된다. 아직까지는 이 규정이 대통령 선거에 적용되어 당선무효로 이어진 경우는 없다.

• 영부인 - 대통령의 배우자

'영부인'이라 하면 대통령의 부인이라는 의미로 사용된다. 하지만 원래 '영부인'이라는 단어는 다른 사람, 특히 지체 높은 사람의 부인을 3인칭으로 높여 부르는 말이다. 박정희 대통령 시절 대통령의 가족들을 영부인, 영애, 영식 등으로 높여 부르면서 대중들에게 대통령의 부인이라 각인 되었다. 법률상 명칭은 '대통령 배우자'로 그렇게 부르는 것이 더 적절하며, 영부인에 대응하는 남성 배우자를 무엇이라 부를 것인가에 대해서 대통령 부군 정도가 사용될 가능성이 크다.

청와대에 영속적으로 존재하는 시스템이 딱히 없어서 배우자의 역할에 대해서도 대통령의 성향에 따라 달라질 수밖에 없다. 법률상의 직책도 아니기에 굳이 뭘 해야 하는 위치에 있지도 않다. 성향에 따라서 적극적인 활동에 나서기도 하고, 뒤에서 조용히 조력하기도 한다. 하지만 적어도 외교에 있어서 순방이나 주요 행사에 참석하는 임무를 수행하고, 필요하면 대통령을 대리해 국내 행사에 참석하기도 한다. 따라서 이런 임무를 수행하는 사람으로서의 '영부인'이 꼭 대통령의 배우자일 필요는 없다. 우리 역사에서 박정희 대통령의 배우자 육영수가 문세광에게 살해당하고[44] 나서 딸 박근혜가 만 22세의 나이에 영부인의 임무를 수행했다.[45]

대통령 배우자의 의전과 경호 등은 박정희 정부시절 만들어진 청와대 제2부속실에서 담당하고 있다.

· **역대 대통령 배우자 명단**

■ 프란체스카 도너 리 (1900년 6월 15일 ~ 1992년 3월 19일) - 이승만

■ 공덕귀 (1911년 4월 21일 ~ 1997년 11월 24일) - 윤보선

■ 육영수 (1925년 11월 29일 ~ 1974년 8월 15일) - 박정희

※ 육영수 사후, 장녀 박근혜가 5년간(1974년 8월 15일 ~ 1979년

---

44) 재일교포 문세광이 1974년 8월 15일에 박정희 대통령을 암살하려다 실패하고 그 과정에서 육영수가 총상으로 사망한 사건으로 의문점을 많이 남긴 사건이지만 문세광이 육영수를 살해한 것으로 전제한다.

45) 그 때문에 박근혜를 '영부인 대행'으로 부르기도 하는데, 영부인이 공식 직책이 아닌 만큼 영부인 대행도 실재하지 않는 자리이다.

10월 26일) 영부인 역할 수행

■ 홍기 (1916년 3월 3일 ~ 2004년 7월 20일) - 최규하

■ 이순자 (1939년 3월 24일 ~) - 전두환

■ 김옥숙 (1935년 8월 11일 ~) - 노태우

■ 손명순 (1929년 1월 16일 ~) - 김영삼

■ 이희호 (1922년 9월 21일 ~ 2019년 6월 10일) - 김대중

■ 권양숙 (1948년 2월 2일 ~) - 노무현

■ 김윤옥 (1947년 3월 26일 ~) - 이명박

■ 김정숙 (1954년 11월 15일 ~) - 문재인

현대 사회가 복잡해지고, 대한민국이라는 국가의 존재감이 세계적으로 커지고 있는 상황에서 대통령이 모든 것을 혼자 짊어지고 가기 점점 힘들어지고 있다. 대통령의 배우자는 대통령과 사적인 관계에 있고, 선출된 권력도 아니지만, 현실적으로는 가장 가까운 국정운영 파트너일 수밖에 없다. 제20대 대통령선거를 앞두고 영부인이라는 단어도 없애고, 제2부속실도 없애자는 의견이 제기되고 있다. 영부인이라는 단어가 잘못 쓰이고 있고, 시대착오적이라는 점에도 동의한다. 제2부속실도 굳이 대통령과 가족의 경호 및 의전을 분리해서 관리해야 하는지에 대한 의문이 들기 때문에 통합하는 것도 일리가 있다. 하

지만, 그렇다고 대통령 배우자의 역할이나 의미가 줄어들지 않는다. 대통령이 되겠다는 사람들에게는 미안하지만, 그들이 앉겠다고 하는 대한민국이 빠르게 성장하면서 대통령이라는 자리는 과거보다 그 무게감이 더 커지고 있고, 수행해야 할 역할도 그만큼 늘어나고 있다. 이는 과거처럼 '국모國母'의 역할을 하라는 것이 아니라, 국가 리더십의 역할분담에 있어 담당해줘야 할 일이 늘었다는 의미다. 그 때문에 국민의 입장에서 그 사람이 어떤 사람인지 꼼꼼히 따져보는 것은 당연하다.

• 전직 대통령에 대한 예우

대통령을 역임한 사람과 그 유족들은 '전직대통령 예우에 관한 법률'에 의해 예우를 받는다. 주된 내용은 다음과 같다.

■ 사저 주변에 2채 혹은 3채의 경호동을 건설한다. 이는 오로지 청와대 예산으로 만든다.

■ 연금은 대통령은 현 대통령의 월급의 90%를 받고 배우자는 75%를 받는다.(종신 연금)

■ 비서 3명(한 명은 배우자 몫)과 운전기사 1명을 둘 수 있고 이들의 월급은 국가에서 제공한다.

■ 경호 · 교통 · 통신 및 사무실 제공 등을 지원한다.

■ 그 외 필요시에는 청와대에서 헬기나 버스 등을 제공한다.

■ 본인 및 그 가족에 대한 치료를 제공한다.

하지만, 이런 예우는 탄핵이나 금고 이상의 형을 선고받으면 경호를 제외하고 받을 수 없게 된다.'전직대통령 예우에 관한 법률' 제7조 이 규정으로 인해 예우를 박탈당한 대통령은 전두환, 노태우, 이명박, 박근혜 4명이다.

대통령은 재선이 불가하지만, 그 외의 선거에 출마하지 못한다는 규정이 없다. 전직대통령 예우에 관한 법률에는 퇴임 대통령이 국회의원에 당선될 시 임기 기간에는 전직대통령 연금이 지급되지 않는 규정이 있는데, 이는 전직 대통령의 국회의원 출마를 전제한 것이다. 실제로 윤보선 대통령은 1960년부터 1962년까지 제4대 대통령을 역임한 후, 1963년 제6대 국회의원 선거에 출마해 당선되었다.

장례에 관해서도 전직 대통령들은 특별한 예우를 받는다.

· 국가장법

제1조(목적)

이 법은 국가 또는 사회에 현저한 공훈을 남겨 국민의 추앙을 받는 사람이 서거(逝去)한 경우에 그 장례를 경건하고 엄숙하게 집행함으로써 국민 통합에 이바지하는 것을 목적으로 한다.

제2조(국가장의 대상자)

다음 각 호의 어느 하나에 해당하는 사람이 서거한 경우에는 유족 등의 의견을 고려하여 행정안전부장관의 제청으로 국무회의의 심의를 마친 후 대통령이 결정하는 바에 따라 국가장(國家葬)으로 할 수 있다.

　1. 전직 · 현직 대통령

　2. 대통령당선인

　3. 국가 또는 사회에 현저한 공훈을 남겨 국민의 추앙을 받는 사람

　과거에는 이런 장의가 '국장 · 국민장에 관한 법률'에 의해 국장과 국민장으로 나뉘어져 있었지만, 전직 국가원수에 대한 장례를 치를 때 어떤 사람은 국장으로 하고, 어떤 사람은 국민장으로 하는지 형평성 논란이 끊이지 않아 2011년 5월 법을 국가장법으로 개정해 국가장 하나로 통합했다.

　역대 대통령 중 이승만, 윤보선, 전두환의 경우 국장이

나 국민장, 국가장이 아닌 가족장으로 치렀다.

· **탄핵**

대한민국 헌법 제65조

①대통령 · 국무총리 · 국무위원 · 행정각부의 장 · 헌법재판소 재

판관 · 법관 · 중앙선거관리위원회 위원 · 감사원장 · 감사위원

기타 법률이 정한 공무원이 그 직무집행에 있어서 헌법이나 법률

을 위배한 때에는 국회는 탄핵의 소추를 의결할 수 있다.

②제1항의 탄핵소추는 국회재적의원 3분의 1 이상의 발의가 있어

야 하며, 그 의결은 국회재적의원 과반수의 찬성이 있어야 한다.

다만, 대통령에 대한 탄핵소추는 국회재적의원 과반수의 발의와

국회재적의원 3분의 2 이상의 찬성이 있어야 한다.

③탄핵소추의 의결을 받은 자는 탄핵심판이 있을 때까지 그 권한행

사가 정지된다.

④탄핵결정은 공직으로부터 파면함에 그친다. 그러나, 이에 의하여

민사상이나 형사상의 책임이 면제되지는 아니한다.

2022년 현재 대한민국에서 이 조항에 의해 탄핵소추

가 의결된 대통령은 노무현, 박근혜 2명이고, 실제로 헌

법재판소의 심판을 통해 탄핵된 대통령은 박근혜 대통령

이 유일하다.

대한민국 대통령

1판 1쇄	2022년 2월 28일
지은이	정인성
기 획	손현욱
펴낸이	손정욱
마케팅	이충우
디자인	이창욱
펴낸곳	도서출판 답
출판등록	2010년 12월 8일 제 312-2010-000055호
전화	02.324.8220
팩스	02.6944.9077

이 도서의 국립중앙도서관 출판예정도서목록(CIP)은 서지정보 유통지원시스템 홈페이지(http://seoji.nl.go.kr)과
국가자료 종합목록 시스템 (http://www.nl.go.kr/kolisnet)에서 이용하실 수 있습니다.

ISBN 979-11-87229-49-0
값 17,000원